年間10％利回り！
を目指す

攻めのほったらかし投資術

ファイナンシャルプランナー
藤原久敏

彩図社

はじめに

本書のタイトルにある「ほったらかし投資術」とは、文字通り、「ほったらかし」にしておく投資のことです。

すなわち、商品を購入して、基本的に、その後は**何もしません**。

一般的には、この「ほったらかし投資」は、安全策のひとつで、さほど収益は見込めないものとされています。

しかし本書では、そこに「**攻め**」の要素を盛り込み、ガッツリ増やすことを目指します。そして、ほったらかしながらも、この超低金利の世の中で、**年間10％もの収益を得よう**というものです。

現在、メガバンクの定期預金1年物の金利は0・002％です。

はじめに

10％とは、その5000倍ですから、実はこの「何もせずに10％」とは、かなりスゴイことなのです。

実際、年間10％で資産が増えていけば、単利計算でも5年で1・5倍、10年で2倍と、**ほっておくだけで、資産はビックリするくらい大きく膨らむ**ことになるのですから。

大人になると時が経つのが早く、5年、10年なんてあっという間ですよね。

つまり、今、ほったらかし投資を始めるか否かで、ふと気が付けば、とんでもなく大きな差となるわけです。

そして、今、それなりにまとまった資金のある人なら、5年、10年と言わず、今すぐにでも、ほったらかし投資の効果を得られます。

たとえば、投資資金が10万円あれば、何もせずに、年間1万円が得られます。

1万円あれば、かなり美味しいものが食べられますよね。

投資資金が100万円あれば、何もせずに、年間10万円が得られます。

年間10万円あれば、スマホ代くらいは支払えそうですよね。

つまり、スマホがずっとタダで使えると思えば、これはかなり助かりませんか？

そして投資資金が1000万円あれば、何もせずに年間100万円の収益ですから、それだけあれば、家計の大きな支えになるでしょう。

もし投資資金が1億円もあれば、何もせずに年間1000万円と、それだけで生活できますね。

このように、**何もせずに得られる一定の収益**があることは、この何が起こるか分からない世の中で、大きな安心となることでしょう。


本書では、そんな大きな安心を得られる「攻めのほったらかし投資」についての知識・考え方をお伝えしていきたいと思います。

「すべての投資法において、10％というリターンが得られる！」とまでは言えませんが、それでも、メガバンクの0・002％という金利よりは、かなり良いのではないでしょうか。

はじめに

まずは、なじみのある株式投資に関連した「高配当株」「優待株」、また複数の株式等に間接的に投資できる「投資信託」について、そして間接的に不動産に投資できる「REIT」、さらに「クラウドファンディング」と「FX」についても書いています。

「10%」という数字は、クラウドファンディングとFXに登場します。詳しくは各章をお読みいただくとして、ほったらかしておくだけで10%を狙えるのですから、これらはものすごくお得なのです。

また、リターンが少ないとされている「債券」や「預貯金」についても、工夫次第で、高金利を狙えることもご紹介しています。

「攻め」と「ほったらかし」の2つの要素を同時に盛り込むことにより、新しい投資の世界が広がります。

自分に合った投資法を見つけて、ガッツリ儲けてください。

藤原久敏

もくじ

序章 「攻め」のほったらかし投資の心がまえ

1章
高配当株

2章

優待株

3章
投資信託

4章
ＲＥＩＴ

4章 REIT

6章 FX

7章 債券

8章 預貯金

8章 預貯金

本書に書かれている株価等の数値は、2023年7月3日時点のものです。数値は刻々と変わっていますので、実際の投資の際には、最新のデータをご確認ください。

序章

「攻め」のほったらかし投資の心がまえ

努力すれば絶対に儲かるのか？

「はじめに」では、年間10％で資産が増えることのすごさについて、書かせていただきました。

「でも、**ほったらかしなんかにしていて、年間10％もの収益を得るなんて、そんな虫の良い話なんてあるのか？**」

と、真っ先に、疑問に思われることでしょう。

それでは、逆に質問です。

ほったらかしではなく、常に相場状況をチェックして、タイミングを見計らい、こまめにあくせく売買を繰り返せば、儲かるのでしょうか？

「時間や労力を費やし、努力したのであれば、少なくとも、ほったらかしよりは儲かる可能性は高いはずだ……」と思いたいところですね。

でも残念ながら、**努力したからといって、それが報われるとは限りません。**

むしろ、こまめにあくせく売買したがゆえに、失敗している人も少なくはないはずです。

相場の急騰時に「これは、まだまだ上がる」と高値で買ってしまい、暴落時に「これは、もうダメだ」と底値で売ってしまうように、値動きに翻弄され、裏目裏目の売買になってしまうことなど、誰もが陥りやすい心理的メカニズムですから。

ちなみに、こんな有名な話があります。

とある証券会社が、口座属性ごとの投資成績を調べたところ、過去10年間の投資成績が一番良かったのは、「すでに亡くなっていた人」だった。

次に良かったのは、「運用していることを忘れていた人」だった。

つまりこれは、下手に動かずに、何もしないで、ずっとほったらかしにしていた方が良かったということですね。

まぁ、この話の出所や信憑性には諸説あるようで、信じるか、信じないかは、あなた次第。

分かっていることは、あくせく売買しても、ほったらかしにしても、どちらが儲かるかどうかは、誰にも分からないということです。

ただ、少なくともひとつ、確実に言えることがあります。

それは、「**あくせく売買するよりも、ほったらかしの方が、絶対に楽**」だということです。

ほったらかし投資のメリットは「とにかく楽」なこと

そうです、まず本書で訴えたいことは、**ほったらかし投資は「楽」**だということ。

運用の成果はその人次第ですが、ほったらかし投資の方が、あくせく売買するよりも楽であること、少なくとも、それは疑いようのない事実です。

そして、**物理的に楽というだけでなく、精神的にも楽**なのです。


投資経験のある人は共感いただけると思いますが、株や債券等を購入した後は、どうしても、その値動きに一喜一憂してしまうものです。

値下がりすれば、「ヤバい、これはサッサと売らないと……でも、また戻るかもしれないし」と悩み、値上がりしても、「やった、今売れば儲かる……でも、まだ上がるかもしれないし」と悩み、相場とにらめっこしながら、悶々としんどい思いをするわけです。


そして悩んだ末、思い切って売ったとしても、そのしんどさはまだ続くこともあります。

それは、「売った後に値上がり」した場合です。


たとえば10万円で売った後、20万円にまで値上がりすれば、なんだか10万円損した「気分」になりますよね。これには「ああ、売らなければよかった」と凹んでしまうわけです。

そして、この儲け損ないは、ある意味、値下がりによる損失よりしんどいものかもしれません。

なぜなら、値下がりには下限があるので、「実際の損失」には限度がありますが、値上がりには上限はないので、**「儲け損ない」には限度がない**からです。

なので、売った後にグングン値上がりが続けば、いつまで経っても、悶々とした気持ちの踏ん切りをつけることが難しいのです。

すなわち、いつまで経っても、売った後の後悔から逃れられないかもしれないのです。


私は数年前、保有していたファンケルの株式を売ったのですが、その後、さも私が売ったのを見計らっていたかのごとく、株価はグングン上昇していきました。

そして、その儲け損ないは10万円、20万円、30万円……とみるみるうちに膨らんでいきます。

そうなると株価が気になって仕方なく、保有していた頃よりも頻繁に株価をチェックしては、しんどい思いをする日々が続くのでした。

そして今でも、たまに株価をチェックしては、「ああ、〇〇万円も儲け損なったなぁ」と、その呪縛からは逃れておりません。

ちなみに本書執筆時点では、儲け損なった金額は30万円程度でして、久々に確認しては、

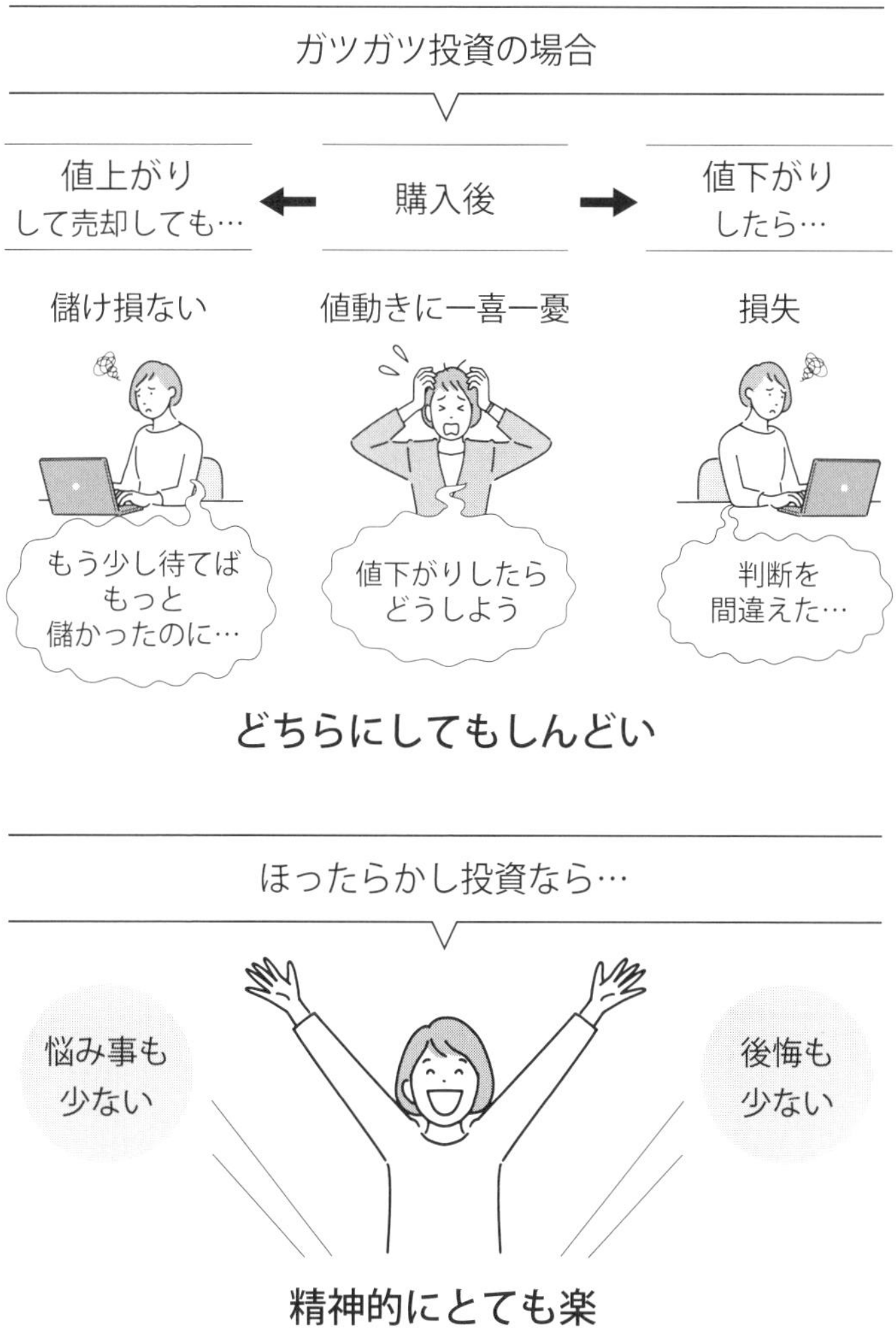
ガツガツ投資の場合
値上がりして売却しても…
購入後
値下がりしたら…
儲け損ない
値動きに一喜一憂
損失
もう少し待てばもっと儲かったのに…
値下がりしたらどうしよう
判断を間違えた…
どちらにしてもしんどい
ほったらかし投資なら…
悩み事も少ない
後悔も少ない
精神的にとても楽

また悶々としています。そんな、売った後に後悔している銘柄は、ファンケルだけではありません。

しかし、そんな**しんどい思いをしなくてもいい**のが、すなわち、精神的に楽なのが、ほったらかし投資です。


ほったらかし投資では、収益を得ながら、基本的には、売ることはありません。

ずっと売らないわけですから、保有中の「今、売った方がいいのか」との悩みも、売却後の「値上がりによる儲け損ない」の後悔もないわけですね。

物理的な楽さだけでなく、この精神的な楽さは、ほったらかし投資の大きな魅力と言えるでしょう。

年間10%もの収益は可能なのか？

それでは、「年間10%もの収益」については、どうでしょうか。

これについては、まず確認しておきたいことがあります。

それは、ほったらかしだろうが、こまめに売買だろうが、それが**投資である以上、リスクがあることは変わらない**ということです。

当たり前と言えば当たり前のことですが、投資である以上、必ずしも年間10％の安定収益が得られる保証はなく、損失を被る可能性もあるわけです。

もちろん、本書では極力、損失を被らないような投資商品の選び方や、投資手法について紹介していきますが、まずは、投資にはリスクがあることについては理解・納得をお願いします。

ただ、リスクをとって運用することで、長期的に見れば、**年間10％の収益は十分に「目指せる」**こともまた事実です。

これには、心強い、信憑性のあるデータがあります。それは、ＧＰＩＦの運用データです。ＧＰＩＦとは年金積立金管理運用独立行政法人のことで、公的年金制度における年金積立金を管理・運用する組織のことです。

このＧＰＩＦでは、株式や債券を組み合わせてリスクを取った長期分散投資により、

GPIF

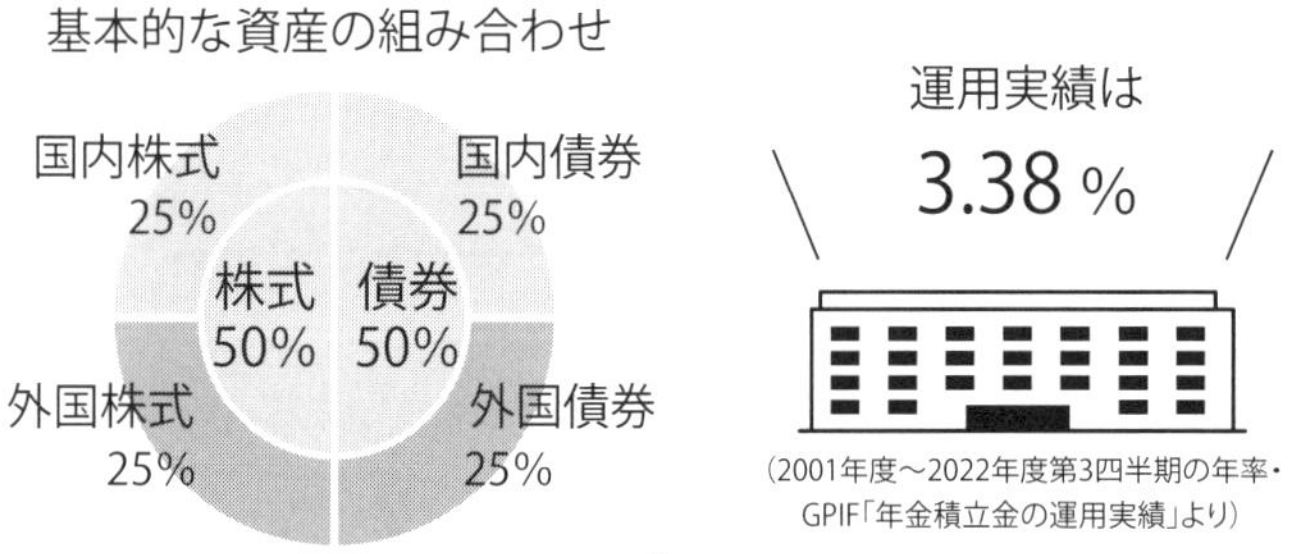

（2001年度～2022年度第3四半期の年率・
GPIF「年金積立金の運用実績」より）

年金財政上必要な利回りを満たしつつ、
もっともリスクが小さくなるように作られている

２００１年度以降、年平均３・３８％のリターンをあげているのです。

もっとも、ＧＰＩＦでは「ほったらかし」ではなく、国内外の経済情勢を踏まえ、定期的に資産の配分を見直し、機動的に売買はしていますが、リスクを取って運用していることには変わりありません。

大切な年金を、安全性を重視して運用した結果が３・３８％のリターンですから、もう少し頑張れば、10％も可能と考えられます。

といっても、それでも「10％」を信じられないという人もいるでしょう。そんな方には論より証拠、次の表を見てください。

ほったらかし投資における　投資法別リスクとリターン

投資法	リスク	リターン	特徴
高配当株	3〜5	3〜6％	みずほ、ソフトバンク、丸紅など超一流企業でも配当金には積極的、配当生活も夢ではない？
優待株	3〜5	3〜8％	食品・飲料、食事券、買物券、カタログギフト、クオカードなど、物価高の中、もらって嬉しい株主優待
投資信託（ファンド）	2〜4	2〜5％	インデックスファンドこそ、長期分散投資の王道
REIT	3	3〜6％	不動産投資の一口オーナー、大家さん気分で着実なリターンを得られる
クラウドファンディング	2〜4	2〜10％	IT普及による次世代型投資の代表格は、ほったらかし投資にもピッタリ！
FX	3〜5	3〜10％	ハイリスクなFXも、「レバレッジ1倍法」を使えば、コスパ抜群の外貨建て商品と化す
債券	1〜2	1〜3％	国債で手堅くいくもよし、個人向け社債でアグレッシブにいくもよし
預貯金	1	1％	安全確実な預貯金でも、ちょっと視点を変えれば1％も狙える

リスクの目安は「1（低い）・2（やや低い）・3（一般的）・4（やや高い）・5（高い）」の5段階で、リターンの目安は「期待できる利回り（％）」で表示しています。

いかがでしょうか？

お馴染みのものからあまり知られていないものまで、安全確実なものからハイリスクなものまで、多種多様なラインナップとなっています。

株式や投資信託などはお馴染みの投資商品ですが、次世代型投資とされるクラウドファンディングは、まだまだ、知る人ぞ知る投資商品です。

預貯金や債券などは安全性が高くて安心ですが、FXは、世間一般では超ハイリスク取引とされています。

ただ、いずれも決して特別なものではなく、誰もが普通に購入できる商品ばかりです。

そして本書では、これらを「**ほったらかしで、最高で年間10％の収益が狙える**」という独自の視点で紹介しています。

もちろん、これらすべてに手を出す必要はありません。

本書をお読みいただいて、自身が興味を持ち、そして理解・納得できるものに絞って、投資いただければと思います。

ほったらかし投資の投資先候補は？

ほったらかし投資では、買った後は、「ほったらかし」にします。こまめに動向をチェックしたり、適宜、売買の判断をしたりするわけではありません。ですので、年間10％の収益を狙いながらも、ずっと安心して持ち続けられるよう、他の投資法と比べても、より**商品の選択が大切**となります。

その選択のポイントとしては、次の通りです。

- 長期的に、安定的な収益が見込める
- 多少の値動きはあってもいいが、資産価値がゼロとなる可能性が極めて低い

あと付け加えるなら、

「いつまでも持ち続けることができるくらいに、自身が納得できるもの」

といったところでしょうか。

これらのポイントを踏まえ、ほったらかし投資先の候補、すなわち最高で年間10％の収益が狙える商品として、前出の8つを取り上げました。

ほったらかし投資の心がまえ

さて、それではここで、ほったらかし投資の「心がまえ」について書いておきたいと思います。

ほったらかし投資は、独特の視点に立っている投資手法なので、ほったらかし投資独特の「心がまえ」も意識していただく必要があります。

それは、**「『超』余裕資金で」「売り時はある」**の2つです。

心がまえ① ほったらかし投資は『超』余裕資金で

世間一般では、「投資は余裕資金で」と言われています。

ここで言う「余裕資金」とは、通常、当面は使わないお金のことです。

しかし、当面は使わないということは、いずれは使うわけで、たとえば10年後のリフォーム資金や15年後の教育資金も含まれるわけです。

ほったらかし投資でも、「余裕資金で」であることには違いありませんが、その余裕資金の定義は、もっと厳しく考えます。

それは、**目的の決まっていないお金**であり、**完全に自由に使えるお金**のことです。

すなわち、そのお金がなくても、ライフプランには影響のないお金のことで、いわば、「超余裕資金」のことです。


なぜなら、**ほったらかし投資では、基本、売らない**から。

つまり、その投資資金は「ないもの」と考えるからで、「ないもの」を当てにしたライフプランなど、あり得ないですからね。

ほったらかし投資に充てる資金は、それくらい厳しく設定するからこそ、安心して「ほったらかし」にできるわけです。

ただ、「余裕資金もろくにないのに、超余裕資金なんてあるわけないよ」と、思われる人も多いかもしれませんね。

たしかに、超余裕資金がたんまりある、というような恵まれた人など、ごく少数でしょう。

さて、ここで、ぜひ心にとめておいてほしいことがあります。

それは、**超余裕資金は意識して作り出すもの**、ということです。

たとえば、飲み会に行ったつもりで5000円、欲しい服を買ったつもりで1万円と、いわゆる「○○したつもり貯金」を積み重ねれば、数万円の超余裕資金はすぐに作れないでしょうか。

また、保険料やスマホ代、光熱費等を見直すことで月1～2万円を浮かすことができれば、年間で10～20万円以上もの超余裕資金ができるはずです。

もちろん、これらは超余裕資金の作り方の一例であって、人によって、その方法はいろいろでしょう。

いずれにせよ、超余裕資金を作り出すことは決して難しいことではなく、必要なのは、ちょっとした意識と行動です。そして、そうやって捻出した超余裕資金は「もともとはなかったお金」ですから、思う存分、その資金でほったらかし投資を楽しんでください。

心がまえ② ほったらかし投資でも、売り時はある

何度も繰り返すようですが、ほったらかし投資では、基本、売りません。

しかし、それは絶対のルールではなく、状況によっては「売ること」を検討しないといけない場合もあります。

それは、「**収益が見込まれなくなったとき**」と「**破綻リスクが見えてきたとき**」です。

売り時ポイント1・収益が見込まれなくなったとき

預貯金や債券などの収益（インカムゲイン）は利子なので、基本的に、その金額はあらか

じめ決まっています。

しかし、株式や投資信託、ＲＥＩＴの配当金・収益分配金などは、状況によって変動します。購入時の見込みから、大幅に減ってしまうこともあれば、支払われなくなってしまうこともあります。

もっとも、また復活する可能性がある限り、基本的には売らないわけですが、もし、今後の収益の見込みが完全になくなったと判断した場合には、「ほったらかし投資」と言えども、売ることも検討しなければいけません。

株主優待の廃止・改悪についても同じで、これも、今後の復活の見込みが完全になくなったと判断すれば、やはり、売ることを検討しなければいけません。


「買ったときの理由がなくなったときが売り時」というのは、投資の基本です。

そして、ほったらかし投資においては、この「収益が見込まれなくなったとき」こそが、「買ったときの理由がなくなったとき」とも言えるのですから。

もちろん、そんな「収益が見込まれなくなる」ような心配を極力しなくても済むよう、本章では、各商品選びのポイントもしっかり説明しております。

売り時ポイント2・破綻リスクが見えてきたとき

ほったらかし投資では、商品の値動きを気にする必要はありません。収益を得ながら、ずっと持ち続けるので、値動きによる含み損・含み益に一喜一憂する必要はないのです。

しかし、破綻が見えてきたとなれば、話は別です。万一、投資商品が破綻すればゲームオーバーで、ほったらかし投資はそこで終了となってしまうからです。

そして当然、投資資金は0円となります。ほったらかし投資の資金は、ライフプランに影響ないお金とはいえ、その精神的なショックは大きいですからね。

なので、破綻リスクが見えてくれば、いち早く撤退を、すなわち、売ることも検討しなければいけません。

いわゆる「パッケージ買い」で、分散投資が効いている投資信託やREITなどの破綻リスクはほぼ0と言えますが、「単品買い」である株式や債券などは、何が起こるか分かりません。

なので、株式や債券などについては、とくに注意が必要です。

とはいえ、常にビクビクと気にしているようでは、「ほったらかし投資」の意味がありません。

一般には、いきなり破綻することは稀で、その前に、何らかの深刻な前兆はあるはずです。

そして、そのような深刻な前兆があれば、ニュースやネットで、何らかの情報は出ているはずです。

なので、たまたま気が向いたタイミングや、利子や配当金を受け取るタイミングなどで、そんな**深刻なニュースがないかどうか、少し意識しておく**程度でよいでしょう。しかし、その意識だけは忘れないようにしたいものです。

もちろん、この「破綻リスク」についても、できるだけ心配をしなくても済むように、本章では、各商品選びのポイントもしっかり説明しております。

ほったらかし投資の収益は自由に使っていい

それでは最後に、ほったらかし投資で得た収益の使い道について書いておきます。

そもそも、投資の収益（リターン）は、「売却益」と「利子・配当・分配金等」に分類されます。

前者をキャピタルゲイン、後者をインカムゲインと言いますが、ほったらかし投資では「収益を得る」ことを重視するので、極力、定期的に入ってくるインカムゲインを意識して投資します。

ほったらかし投資は、基本的には長期投資であることが前提ですが、長期投資のセオリーとしては、その収益は再投資することになります。

時間を味方につけて、複利効果で大きく増やしましょう、というスタンスですね。

しかし、ほったらかし投資では、その**収益は再投資せずに、好きに使ってもかまいません**。

むしろ、積極的に使って、日々を楽しく過ごしたいものです。

なぜなら、前述のとおり、ほったらかし投資の資金は「完全に自由に使えるお金」ですが、その元本部分は基本、売らないのですから。

であれば、**定期的に入ってくる収益はしっかり使って、人生を楽しもう**というスタンスです。

もちろん、無理に使う必要はなく、再投資してもいいですし、また、他の商品に投資してもかまいません。

いずれにせよ、自由に使えばよいのです。

そんな自由に使えるお金があると思えば、心に余裕が出てきますよね。

そして、そんな**心の余裕を得られるのが、ほったらかし投資なのです**。

以上、序章では、ほったらかし投資の概要、そして心がまえを確認しました。

それではいよいよ本章にて、その候補となる具体的な商品を、ほったらかし投資の視点から紹介していきましょう。

1章　高配当株

リスク　3〜5
リターン　3〜6%

配当生活も夢ではない？

配当生活という言葉があります。

これは文字通り、配当金だけで生活をするというもので、世間で言うところの、不労所得生活のことですね。

配当金という言葉にも優雅なイメージがあって、憧れる人も多いのではないでしょうか。

配当金とは、企業が利益の一部を株主に還元してくれるもの。

通常、年1回もしくは2回、定期的に支払われるので、株を保有していれば、後はほったらかしで、定期的に配当金を受け取ることができます。

そして今、**配当金に積極的な企業が増えている**のです。

配当金に積極的な企業のひとつが、通信大手のソフトバンク。

たとえば、ソフトバンク株式を1000株（約150万円）保有していれば、受け取れる配当金額は年間8・6万円です。

1万株（約1500万円）保有だと、配当金額は年間86万円ですね。

2万株（約3000万円）保有だと、配当金額は年間172万円ですから、これは毎月にすれば14～15万円程度になるわけで、贅沢しなければなんとかやっていけそうな金額ではないでしょうか。

このように、ある程度の資金があれば、今の超低金利の時代にあっても、高配当株への投資で、不労所得生活も夢ではないのです。

いま、高配当株は選びたい放題？

前述のソフトバンクのような、配当金に積極的な企業を選ぶ基準となるのが、**配当利回り**です。そして高配当株とは、この配当利回りが高い銘柄のことを言います。

配当利回りとは、株価（投資額）に対して支払われる配当金額の割合（％）のことで、ソフトバンクであれば、5％半ばとなります。

一般には、この配当利回りが4～5％もあれば高配当株と言われています。

もっとも、高配当株の認識は人それぞれなので、現在の超低金利下であれば、3％台でも十分に高配当株とされることもあります。


2023年7月時点では、約4000の国内上場銘柄の配当利回りは、平均で2％程度となっています。

これまでの最高水準は、2008年のリーマンショックや2020年のコロナショック時の2・5～3％弱だったので、これは過去の数字と比べても、そこそこ高い水準と言ってもよいでしょう。

中でも、配当利回りが4％以上となるような高配当株は10社に1社程度、すなわち400社ほどもあるのです。


たとえばメガバンクの一角、みずほフィナンシャルグループの配当利回りは4％半ば。

株価は約2200円で、配当金は95円となっています。株式投資は100株単位なので、最低投資額約22万円強に対して、年間9500円の配当金を受け取れます。

冒頭でも紹介しましたが、ソフトバンクの配当利回りは5％半ば。株価は1500円程度で、配当金は86円となっています。こちらは最低投資額15万円強に対して、年間8600円の配当金を受け取れます。

このように、誰もが知るような大手企業が、相当な高配当利回りであることも珍しくはありません。

今まさに、高配当株は選びたい放題の状態と言ってもよいでしょう。

高配当株投資で見るべき2つの指標

とはいえ、高配当株であれば、どんな銘柄でも良いわけではありません。

中には、業績や財務状態が思わしくないのに、無理して高額な配当金を出しているような場合もあるでしょうから、そのあたりはしっかり吟味しないといけません。

ただ、銘柄選びにおいては、事業内容や業績、財務状態はもちろんのこと、ＰＥＲやＰＢＲ、

ROEといった諸々の指標、さらには技術力やブランド価値、企業理念など、数値化できない情報も重要な判断要素となり、見るべき要素を挙げればキリがありません。

なので、途方にくれて、株式投資を諦めてしまう人も少なくありません。もしくは、よく分からないままに、何となく銘柄を選んでしまい、後悔する人もいるでしょう。

でも、安心してください。

ほったらかし投資の視点から高配当株を選ぶのであれば、ある程度は、見るべきところを絞り込むことができます。

それはズバリ、配当金に関する指標である「**配当利回り**」と「**配当性向**」です。

見るべきポイント① 配当利回り

配当利回りとは、前にも説明しましたが、**株価に対する配当金の割合**のことです。

もちろん、配当利回りが高ければ何でも良いというわけではありませんが、「大きな安定収益」を狙うのであれば、まずは、少なくとも配当利回りが一定水準以上であることが最低

配当利回りが３％以上の銘柄

1	ゆうちょ銀行	4.46%
2	大和ハウス工業	3.54%
3	ＪＴ	5.97%
4	イエローハット	3.53%
5	ENEOSホールディングス	4.36%
6	東急建設	4.81%

（2023年７月３日）

条件となります。

数字としては、**最低でも３％以上は目指したい**ところです。

配当利回りについては、ネット証券などの検索機能で絞り込めば、該当する銘柄がズラッと出てくるので便利です。

上記のように、誰もが知っている企業もチラホラあるので、「おお、この会社、こんなに配当金を払ってくれるのか」と、配当利回りという視点からの、新たな発見もあることでしょう。

ただ、該当銘柄があまりにもたくさんありすぎて、ちょっとビックリするかもしれません。

また、３％どころか、10％を超えるような驚異

配当利回り

ただし
あまり高すぎるのは要注意

3%以上を目指す

的な配当利回りもあったりするので、さらにビックリするかもしれません（後述しますが、あまりにも配当利回りが高い銘柄は要注意）。

もちろん、そこから絞り込んでいくわけですが、まずは、配当利回りの条件を満たす候補がたくさんあることが分かるだけでも、テンションが上がることでしょう。

見るべきポイント② 配当性向

配当性向とは、**企業の利益のうち、どれだけを配当金に回したか**という数字です。

たとえば利益10億円で、配当金が3億円なら、配当性向は30%となります。

この数字を見れば、その企業の、配当金に対するスタンスが分かりますし、さらに言えば、株主還元への姿勢

配当性向

ただし
あまり高すぎるのは要注意　目安は 50%以下

も見えてくるわけですね。

ただし、この配当性向については、企業はあらかじめ決めておく義務も、公表する義務もありません。

そんな中で、この配当性向を示しているということは、少なくともその会社は、配当金についてしっかり意識しているという証です。中には、配当金に無関心な会社もあるわけですから（当然、そのような会社は配当性向など決めていない）。

高配当株投資では、当然、配当金をメインに投資をするわけですから、少なくとも、配当性向を示している会社を選びたいところです。

そして、そんな配当性向の数字ですが、これは、**あまり高すぎるのは要注意**です。

たとえば配当性向が90%の場合、これは利益の90%を配当金に回したということなので、会社にはほとんど利益が残りません。

会社のことを考えると、それって大丈夫か、と心配になりますよね。

配当性向が高いということは、頑張って配当金を支払うというスタンスなので、一見、これは頼もしいように思えます。

しかし、株主としては、会社が頑張り過ぎても困るのです。

利益の大半を配当金として支払って、それが負担となって、会社の業績・財務状況が悪化すれば、配当金そのものが長続きしない可能性があります。

ほったらかし投資としては、配当金は支払い続けてもらうことが大切なので、それは困るわけです。

長い目で見た場合、利益に対して目一杯配当金を支払うより、余裕を持って支払ってもらうほうが良いのです。

ですので、**配当性向は50%以下、できれば30%以下くらいであってほしい**ところです。

というわけで、ほったらかし投資の視点から高配当株を選ぶ基準としては、一応、**配当利**

回りは3％以上、配当性向50％以下が、大まかな目安となります。

少なくともこの2つの数字はチェックして、納得できる銘柄を選びたいものです。

「配当利回り」「配当性向」以上に大切な『過去の配当金実績』

ただ、現時点の「配当利回り」や「配当性向」が納得のいく数字であっても、それが今後、ずっと維持されるとは限りません。

なぜなら、それらの数字の元となる配当金は、預貯金等の利子とは違って、**必ずしも約束されたものではない**からです。

企業の業績や外部環境等、状況の変化によって、配当金の額はもちろんのこと、そもそも、配当金を支払うか否かの判断も、まったく違ったものとなる可能性もあるのですから。

配当金とは、それくらい、移ろいやすいものなのです。

ほったらかし投資としては、将来、配当金額が減ってしまうこと（減配）、なくなってしまうこと（無配）が、もっとも恐れるべきことです。

そこで注目すべきが、**過去の配当金実績**です。

これは、過去に配当金がしっかり支払われてきたのかという実績のことです。

具体的には、過去5年間、できれば10年間くらいは、無配当や大きな減配がなく、安定的に配当金を出し続けていることがひとつの目安となります。

たとえば、りそなホールディングスの配当金は、過去5年間、1株あたり21円でずっと変わりません。ちなみに2024年は1円増配して22円となる予定でして、これからも安心して保有できそうですね。

もちろん、このように過去の配当金実績が安定しているからといって、それが将来の配当金支払を保証するものではありません。

しかし、それくらい長い間、しっかりとした配当金の支払実績があれば、将来的にも減配

過去の配当金実績

銘柄	1株あたりの配当金				
	2019	2020	2021	2022	2023
りそなホールディングス	21円	21円	21円	21円	21円
ゆうちょ銀行	50円	50円	50円	50円	50円
大和ハウス工業	114円	115円	116円	126円	130円
ＪＴ※	154円	154円	140円	188円	188円
マツダ	35円	35円	0円	20円	45円

※12月決算のため、2023年の配当金額は予想

(2023年7月3日)

や無配転落の恐れはかなり低く、これからの配当金の支払いも安心できると言えるでしょう。

逆に言えば、今の配当金が満足できる水準であっても、過去、無配当の年があったり、毎年の配当金額の変動があまりにも激しかったりするような会社は不安が残ります。

そのような銘柄は、これからも、配当金は安定しない可能性が高いですから。

たとえば、マツダの配当金は、２０２３年は１株あたり45円で、配当利回りは３％強と悪くありません。

しかし、過去の配当金実績を見ると、２０１９年は35円、２０２０年も35円、しかし２０２１年

は0円（無配当）で、２０２２年は20円とかなりバラツキがあります。

これでは、来年の配当金はいくらくらいだろうか、そもそも、配当金は出るのだろうか……と、毎年、配当金の動向に一喜一憂してしまいそうですね。

ほったらかし投資のスタンスとしては、大きな不安を抱えてしまうこととなります。

10％超えの配当利回りは信用していいのか？

そして、過去の配当金実績を確認しておかないと、見た目の数字に騙されてしまうこともあります。

なぜなら、前にも書きましたが、中には10％を超えるような、とてつもない配当利回りもあるからです。

しかしそれは、その年だけ配当金をドカンと出して、配当利回りが異常に高くなったという、イレギュラーなケースがほとんどです。

配当金をドカンと出す要因としては、創業○○年等による記念配当であったり、物言う株主からの「配当金をもっと出せ」との突き上げだったり、一時的な特需による増益によるものなどが考えられます。

たとえば、2022年秋頃には、日本郵船の配当利回りは20％程度と、とてつもない数字となっていました。

高配当利回りの検索でも、ビックリした人は多かったかと思います。

しかしこれは、コロナの影響による海上運賃急騰によって、大幅な増益となったことが理由です。いわばコロナバブルによる一時的な特需であり、今後も、その利益が続くかと言われると大いに疑問です。

実際、過去の配当金実績を見ると、2019年から2021年にかけては1株あたり約7～70円程度だった配当金は、2022年・2023年には約500円に跳ね上がっており、その2年間がいかに異常な数字であったかは分かるかと思います。

ちなみに、2024年は大幅に減配されて120円となる予定で、この金額をもとにした配当利回りは4％弱となります。

そうです、どれだけ魅力的な配当利回りであっても、必ず、過去の配当金実績は確認しましょう。

そして、例年の配当金額はさほど高くなかったり、無配当の年があったりするような場合は、今後、今の配当利回り（配当金額）が続く可能性は極めて低いと思われるので、避けるのが賢明です。

一般に、配当利回りが8％以上になるような場合は、それはイレギュラーな数字である可能性が高いので要注意です。

過去の配当金実績のチェックは優良銘柄発掘にもつながる

配当金は基本、利益から出るものです。

ですので、安定的に配当金を出し続けているということは、毎年しっかり稼いでおり、安定的に利益が出ているということです。

それはすなわち、業績の安定した企業ということで、であれば、自ずと財務状況も安定している可能性も高いでしょう。

つまり、過去の配当金実績が素晴らしい企業は、結果として、**配当金目的だけに限らず、普遍的に魅力的な銘柄**である可能性も高いと言えるでしょう。

魅力的な銘柄を探そうとする際、その企業の業績や財務状況等を見極め、そこから判断するのは、相当な専門知識や分析能力等が必要となり、容易なことではありません。

しかし、過去の配当金実績からの判断であれば、ただ配当金の数字を確認するだけなので、とくに専門知識や分析能力等は必要ありません。その意味では、配当金実績からの投資判断は、投資経験の浅い方にとっても、大いに役立つと言えるでしょう。

そして、そんな過去の配当金実績に優れた銘柄が、今、「配当利回りが高い（目安は3％以上）」ということは、株価は（配当金額に対して）割安な水準ということなので、これはお買い得なわけですよね。

また、「配当性向はさほど高くはない（目安は50％以下）」状態であれば、これは、無理して配当金を出しているわけではなく、余裕をもって配当金を出しているということです。

そのような銘柄であれば、配当金を目的とした下支え効果も大きく、株価が大きく下落する可能性は低いと言えるでしょう。

というか、**値上がりも大いに期待できる**わけです。

増配銘柄はさらに魅力的

ところで、安定して配当金が出ていることに加え、その配当金が増加傾向であれば、さらに魅力的であることは言うまでもありません。

とくに何年も連続して増配を続けているような企業であれば、それだけ利益を稼ぎ続け、配当にも積極的なわけですから。しかも、それを長年実践しているという実績は、大いに説得力がありますからね。

中には、何十年も連続して増配している会社も少なくありません。

増配銘柄の例

花王	33年連続
小林製薬	23年連続
KDDI	21年連続
ニトリホールディングス	19年連続
みずほリース	18年連続

そんな増配銘柄も、過去の配当金実績から調べることができます。

たとえば花王（33年連続）やＫＤＤＩ（21年連続）、みずほリース（18年連続）などが有名で、いずれも配当利回りは２％台後半と、全体平均を上回る水準となっています。

配当金で元が取れた！

ここでひとつ、増配銘柄での、私の成功例を書かせてください。

２０１７年の春頃、私はタマホームを１株６００円程度で買いました。

当時、タマホームの配当金額は１株あたり15円で、配当利回りは2％台半ばと、高配当というには微妙な数字ではありました。

しかし、友人がタマホームで家を建てて嬉しそうにしていたのを見て、何となく親近感を覚え、購入したのでした。

その後、タマホームの業績は好調で、毎年増配を続けます。

２０１７年には１株あたり15円だった配当金は、２０１８年から毎年、30円、53円、70円、１００円、１２５円、１７０円と、グングン増え続けます。

結果、私の買値である６００円からすれば、配当金額１７０円は、30％に迫る驚異の配当利回りとなっています。


このように、増配を続けるような銘柄は、元の買値からすれば、信じられないような配当利回りとなることも少なくないのです。

これは、増配銘柄の醍醐味とも言えるでしょう。

なお、これまで私が受け取った配当金額はトータル５６３円と、なんと配当金だけで、ほぼ元が取れている計算です。

タマホームで家を買った友人には、感謝しきれません。

増配銘柄は株価上昇も大いに見込める

また、これだけ増配を続けるような業績好調な銘柄は、株価もグングン上昇します。

実際、タマホームの株価も増配とともに上昇を続け、2023年7月3日の時点で、その株価は3000円を大幅に超えています。

私の買値である600円からは、5倍以上に跳ね上がり、その利益額は30万円近くにまで膨らんでいます。

とはいえ、配当金目当ての「ほったらかし投資」ですから、売るつもりはまったくありません。

これが「ほったらかし投資」ではなく、「配当金が魅力だけど、値上がりしたら売ろうかな」といった中途半端なスタンスであれば、その値上がりに喜びながらも、売るタイミングに悩みに悩み、そして2倍程度に値上がりしたあたりで、耐え切れずに売っていたかと思います。

そして、その後、グングンと上昇を続ける株価を見て、悶々とする日々を過ごしていたことでしょう。

投資経験者は共感いただけると思いますが、値上がりも苦しいものなのです。

そんな状況も鑑みれば、安定収入を目的に絶対に売らないと決めている「ほったらかし投資」の効果は大きいかと思います。


ちなみに、株価は大幅に上昇したとはいえ、配当金も大きく増えているので、2023年7月3日時点でも、タマホームは5％を超える配当利回りとなっています。

そうです、増配を続ける高配当株の場合、増配を好感して株価が上昇しても、配当金も増加しているわけですから、相変わらず高い配当利回りを維持するケースが少なくないのです。

なお、タマホームの配当性向は40％程度と、ほどよい水準となっております。

高配当株の多い業界は？

さて、冒頭の方でも「高配当株は選びたい放題の状態」と書きましたが、**とくに銀行、商社、通信、製薬業界あたりに多い**と言われています。

銀行では、冒頭に紹介したみずほフィナンシャル・グループをはじめ、三菱ＵＦＪフィナンシャル・グループ、三井住友フィナンシャルグループなど、メガバンクはすべて４％前後の配当利回りとなっており、地銀やネット銀行なども総じて高い配当利回りとなっています。

とくに地銀は、国の方針である「地銀再編」という大きなテーマによって収益向上が見込まれ、また、昨今の金利上昇圧力は、銀行業界にとっては大きな追い風と言えるでしょう。

商社では、大手総合商社である丸紅、住友商事は３％台、三井物産、三菱商事、伊藤忠商事は３％弱となっています。

２０２３年春頃からの急激な株価上昇によって、配当利回りは大きく下がったものの、それでもなお、一定の水準は保っている状態です。

世界的な資源高は今後も続くであろうことから、とくに資源を多く扱う商社は狙い目でしょう。

また、著名投資家ウォーレン・バフェットが大手総合商社株に投資したことで、ますます注目されています。

通信では、冒頭に紹介したソフトバンクの配当利回りは5％半ばと驚異的な高さとなっています。

また、ＫＤＤＩの配当利回りは3％程度ながら、21年連続増配を続けていることは見逃せません。

通信業界の見通しとしては、今後ますます、ＩｏＴの普及や5Ｇサービスの広がりは見込まれることから、マーケットは拡大していくことが予想されます。

製薬では、国内首位の武田薬品工業が高配当株として有名です（4％超）。

製薬会社は、景気の良しあしに関係なく業績が安定していることから、手堅いディフェンシブ銘柄でもあり、そのような観点からも長期保有に適していると言えるでしょう。

ここで挙げた銀行、商社、通信、製薬、いずれも共通点としては、浮き沈みが激しく、新規参入が容易な小売や外食等と比べ、比較的安定した業界であることです。

それゆえ業績も安定しており、結果、安定した高配当利回りが多いのも頷けるわけです。

中でも、とくに大手は倒産リスクも低く、株主（投資する側）としては大きな安心感があります。

なので、「高配当株のほったらかし投資」の銘柄選びで迷ったときは、まずは、これら業界の大手から検討してみてはいかがでしょうか。

おススメの高配当株

銀行、商社、通信、製薬業界以外でも、魅力的な高配当株はたくさんあります。

私の個人的見解ではありますが、以下の銘柄など、お勧めです。もちろん、私自身、ここで紹介している銘柄はすべて実際に投資しております。

三菱ＨＣキャピタル（４・２５％）

総合リース大手で、24年連続増配という驚異的な実績を誇ります。

また、ＰＥＲやＰＢＲといった指標面でも割安で、最低投資単位も８万円台と買いやすいのも魅力です。

日本取引所グループ（２・２８％）

傘下に東証などを持つ、国内唯一の総合取引所グループで、究極の独占企業とも言えます。ある意味、日本で一番倒産可能性の低い会社かもしれません。

２０２３年春からの株価急騰により、配当利回りは２％強と決して高いわけではありませんが、その唯一無二の存在を考慮すれば、安心して保有できる銘柄だと思っています。


ビーアールホールディングス（３・０２％）

関西地盤のＰＣ橋梁大手で、社会インフラの維持に欠かせない企業です。

配当金支払実績は安定していて、最低投資単位が３万円台と非常に買いやすい水準となっています。

シチズン（4・53％）

腕時計大手で、インバウンド需要の回復にも大いに期待したい銘柄です。

2023年2月に「発行済株数の25％超の自社株買い」を発表し、これが株価の大きな下支えとなります。

配当金額の推移に波があるのがマイナス材料ではありますが、あくまでも個人的見解ということで、挙げさせていただきました。

タマホーム（5・04％）

増配銘柄の成功例として紹介したタマホームですが、業績好調の中、引き続き増配が期待できる銘柄です。

株価は大きく上昇しているものの、その利益水準から見れば決して割高ではなく（PER10倍程度）、今後、さらなる増配が続けば、まだまだ上昇余地はあると言えるでしょう。

（カッコ内の配当利回りは2023年7月3日時点のもの）

ちなみに、高配当株の購入タイミングについてですが、配当利回りが高い状態であるということは、今現在、「配当金額に対して、株価が割安な水準」ということなので、配当利回りが高い今こそがまさに、購入タイミングだと言えるでしょう。

2章　優待株

リスク　3〜5
リターン　3〜8%

思い出のソフトクリーム

私が初めて株式を購入したのは、社会人1年目の冬、1999年末のことでした。
今でもはっきりと覚えています、その銘柄はミニストップでした。

当時、株式投資に関する知識はほぼゼロで、配当金の意味すらよく分かっていなかった私が、このミニストップを選んだ理由は、株主優待のソフトクリーム無料券があまりにも魅力的だったからでした。

当時、私は、近所にあるミニストップによく行っていました。

そして、いつも目に入ってくるソフトクリームの広告に、美味しそうだなとは思うものの、ちょっとお高いお値段に、いつも躊躇していました。

それが、ミニストップの株主になれば、なんと年間10枚ものソフトクリーム無料券がもらえることを知って、心躍るのでした。

そんな株主優待の存在を知り、それまで無関心だった株式投資に一気に興味がわき、勢いのまま、ミニストップ株を購入したのです。

優待の無料券で手にしたソフトクリームの美味しさは、今でもはっきりと覚えています。

そして、タダでソフトクリームを手にしたという、株主としての優越感も、忘れることはできません。

私のように、株主優待を手に入れたいがために、株式投資を始めた人は少なくはありません。

また、株式投資に興味はあるものの、なかなか始めることができなかった人が、株主優待をきっかけに、その第一歩を踏み出せた人も多いものです。

株主として、「タダで何かもらえる」という魅力は、多くの人を魅了するわけですから。

さて、個人的な思い出から書き始めてしまって恐縮でしたが、実際、この株主優待は、いつの時代も、個人投資家にとって、根強い人気があることは間違いありません。

そして、そんな株主優待は、本書のテーマである「ほったらかし投資」にも、うってつけでもあるのです。

太っ腹な企業は相当な高利回り！

株主優待とは、企業が株主に対して、自社商品や割引券・買物券等を年1回、もしくは2回程度送ることです。

いわば、**企業から株主へのお中元・お歳暮**といったところですね。

私も、キノコ詰合せセット（雪国まいたけ）やボウリングゲーム割引券（ラウンドワン）、優待カード（かっぱ寿司）などなど、冒頭のソフトクリーム無料券をきっかけに、今では、数多くの株主優待を受け取っています。贈り物など滅多にもらえない私としては、かなり嬉しいものです。

株主優待は、株式を保有している間、ずっと受け取ることができるので、ほったらかし投資にもうってつけの制度とも言えるでしょう。

株主優待は義務ではありませんが、上場企業約4000社のうち、実に4割近い企業が、何らかの株主優待を実施しています。

数にして、そんな優待株は約１５００銘柄。
中には、相当太っ腹な企業もあります。

たとえば、家電量販大手であるビックカメラの株主優待は、年間５０００円分のお買物券。正確には、基本は年間３０００円分で、１年継続保有で４０００円分、２年以上継続保有で５０００円分にアップするのですが、「ほったらかし投資」では長期保有が前提なので、年間５０００円分と考えて差し支えないでしょう。

そんなビックカメラの株価は、約１１００円。

最低投資単位の１００株保有から株主優待は受けられるので、元手11万円に対して収益５０００円と、利回りは４％を超える高水準となります。

また、ステーキや回転ずしを経営する外食中堅のアトムの株主優待は、年間４０００円分の優待ポイント。

株価は８００円強（最低投資額は8万円強）なので、こちらは5％に迫る高利回りです。

株主優待である自社商品や割引券・買物券等は、その商品の宣伝や、店舗への集客（すなわち売上アップ）につながることからも、大盤振る舞いをしてくれる企業も多いのです。

投資額に対する株主優待価値の割合（％）のことを「優待利回り」と言いますが、そんな太っ腹な優待銘柄の中には、5～6％を超えるような優待利回りもゴロゴロあるのです。中には10％に迫る銘柄もあります。

株主優待によって、本業への相乗効果が見込めるのなら、企業にとっても十分ペイするわけですから、他の投資商品と比べても、比較的高利回りが多いのです。

優待利回りの目安は3～4％以上

そんな「優待利回り」ですが、優待株投資の目安としては、**3～4％以上は欲しいところ**です。

それがどうしても欲しい（必要な）優待でも、優待利回りが1％程度では、リスクを取っての株式投資であることを思えば、ちょっと物足りなさを感じます。

優待利回り

ヤマダホールディングス	優待券1,500円分	3.53%
フジオフードグループ本社	食事券6,000円分	4.07%
バロックジャパンリミテッド	クーポン券4,000円分	4.57%
千趣会	ベルメゾン買物券3,500円分※	8.75%
ジャパンクラフトホールディングス	買物券6,000円分	10.9%

※3年以上継続保有の場合

また、優待利回りが低いということは、株主優待価値に対してその株価が割高であるということなので、後々、株価が下落する可能性が高いとも言えます。

なので、株主優待が魅力的ではあっても、その優待利回りが低い場合は、せめて2%台半ば〜3%程度になるくらいまで株価が下がるのをじっくり待ちたいものです。

ほったらかし投資は長期スタンスなので、ほんの少しの利回りの差でも、いずれはそれが大きな差となります。

なので焦らずに、少しでも高い利回りで投資できるよう、投資タイミングを計りたいものです。

たとえば人気優待銘柄のひとつ、吉野家の株主優待は年間4000円分の食事券ですが、株価は約2600円（最低投資額は約26万円）なので、優待利回りは1％台となります。

吉野家のお食事券は魅力ですが、この数字はちょっと物足りなく、「今は」あまりお勧めはできません。

しかし今後、吉野家の株価が1500〜1600円程度まで下がれば、優待利回りは2％台半ばとなります。

それくらいの利回りであれば、食事券の使い勝手の良さや、吉野家の知名度等を考慮すれば、十分に投資対象となるかもしれませんね。吉野家ファンにとっては、かなり待ち遠しいかもしれませんが、ほったらかし投資では、それくらい、じっくりと構えたいものなのです。

ちなみに私は、吉野家の株価がまだ1000円程度のときに買ったので、私にとっての優待利回りは4％と、十分に満足な数字となっています。

そして、優待内容が変更されない限り、この優待利回り4％という数字はずっと変わりません。そしてもちろん、私はずっと保有するつもりです。

株価の安いタイミングで買うことができれば、ずっとお得を感じることができるのも、ほったらかし投資の魅力ですね。

株主優待で見るべき2つのポイント

さて、そんな優待株に投資する際には、その株主優待について、必ず見るべき要素が２つあります。

それは、**「その優待は、自分にとって必要なのか」**と**「その優待は、これからも続くのか」**です。

もちろん、優待利回りも大切ですが、優待利回りだけに目を奪われ、それらをまったく考えずに投資してしまうと、痛い目にあうことになります（後述しますが、実際、私は痛い目にあいました）。

それでは、その２つの要素について、実例を交えて説明します。

ポイント① その優待は、自分にとって必要なのか？

株主優待は、利子や配当金のように現金ではありません。

前述のとおり、株主優待は自社商品や割引券・買物券等です。

なので、**その優待が世間一般ではどんなに価値のあるものでも、自分にとって必要ないモノ、使わないモノだと、その実質的価値はガクッと下がる**ことになります。

となると、表示されている優待利回りよりも、自分にとっての優待利回りはかなり低くなるわけです。下手すれば、実質的な優待利回りは0％となるかもしれません。

仮に年間1万円分の買物券をもらっても、それをまったく使わなければ、その価値は自分にとっては0円ですからね。


かつて私も、高い優待利回りに目を奪われ、まったく必要ない株主優待を受け取り、持て余した経験があります。

たとえば、スキンケア・ヘアケア商品販売のアジュバンホールディングスの株主優待は、5000円相当の自社商品。最低投資額は10万円弱なので、優待利回りは5％超と高水準でした。

また、化粧品や健康食品のネット通販を展開する北の達人コーポレーションの株主優待も、5000円相当の自社商品。こちらの最低投資額は3万円程度なので、優待利回りはなんと15％を超える、驚異的な水準となっていました。

いずれも高い優待利回りに目を奪われ、これはお得だとばかりに、思わず買ってしまったのでした。

ただ、届いた優待を手にしてみて、「考えてみれば、まったく使わないよな……」という現実を直視することとなり、潔く失敗を認めました。そして、その結果、私にとっての優待利回りは0％となってしまったわけです。

とくに美容・コスメ系の優待は自社商品が多く、また、高優待利回りがゴロゴロしているだけに、要注意なのです。

前述のとおり、受け取った優待をまったく使わなければ、実質的な優待利回りは0％となります。

そこで、必要ない優待を受け取ってしまった後で、優待利回りを0％にしないためにも、なんとかその優待を消化しようとする人も少なくありません。たとえば、優待券を使って、たいして欲しくもないものを買ったり、さほど興味のないお店で食事をしたり、など。

しかし、必要ない優待をムリヤリ消化しようとしても、そこはやはり四苦八苦するわけで、これも優待投資の失敗あるあるなのです。

私の場合、前述の化粧品優待は、慣れないモノを使うのは抵抗もあってスッパリ諦めましたが、他の優待で、そんな「ムリヤリ消化で四苦八苦」な失敗も数多くしております。

たとえば、不動産・映画・飲食事業を営む東京テアトルの株主優待は、年間8枚もの映画ご招待券です。

映画1本を1800円（年間1万4400円分）と換算すると、最低投資額が11万円強なので、優待利回りは10％を大きく超えてきます。

私はこの高い利回りに惹かれて投資したのですが、実は、さほど映画は好きではありません。

というか、むしろ苦手です。2時間もの間、暗い中で大画面を見続けると、しんどくなってしまうのです。

なので、手にした招待券を無駄にしないためにも、少しでも興味の持てる作品を探し、年間8本もの映画を無理に見ることは、私にとっては苦行に近いものがありました。

また、スポーツジム運営のルネサンスの株主優待は、年間4枚の施設1日無料利用券。利用券の販売価格は1枚2000円程度（年間8000円程度）なので、最低投資額約9万円からすれば、こちらも優待利回りは10％に迫る高水準です。

映画と違って、私は筋トレ好きで、ジムへ行くことは大歓迎です。しかし、ルネサンス施設は近所にはなく、わざわざ交通費をかけて行くことになりました。

でも実は、近所にある市民体育館のトレーニング室（ほぼ無料）の設備は素晴らしく、優待券があるとはいえ、わざわざルネサンスに行く必要があるのか……と悶々としていました。

そんな状況が2年ほど続き、もはや優待券を消化することが義務となり、大きな負担となるのでした。

生活を豊かにするはずの株主優待が、生活の重しになってしまっていたわけで、結局、それらの優待株は売却するのでした。

そんな失敗経験から断言できますが、優待株投資においては、その優待利回りに惑わされずに、「**自身の生活の動線上に、その優待を必要とする機会があるのか**」をしっかり確認することが重要だということです。

そして、その優待が必要なものであってこそ、その優待の金銭的価値が意味を持ってくるわけです。

ポイント② その優待は、これからも続くのか？

ほったらかし投資での優待株投資で**一番怖いのは、株主優待の廃止・改悪**です。

株主優待は義務ではなく任意、いわば、その企業の「心意気」のようなもの。なので、突然、優待が廃止・改悪となることも決して少なくはないのです。

もし、株主優待が廃止となれば（もしくは改悪により、魅力が薄れれば）、優待株投資において、それは「買ったときの理由がなくなる」こととなります。それはすなわち、第1章でも書きましたが、ほったらかし投資においても「売り時」となってしまい、そこでほったらかし投資は終了となります。

ずっと保有するつもりで、せっかく選んだ銘柄なのに……これは非常に残念なことで、避けたいことです。


とくに昨今においては、優待がもらえない外国人投資家や、優待の処理に困る機関投資家からの優待廃止要求の強まりによる「優待よりも配当重視のトレンド」や、東証再編によって上場に必要な株主数の規定が緩和され、「優待をエサに個人投資家を増やす必要性がなくなった」ことによる影響から、優待の廃止・改悪の流れが続いており、注意が必要なのです。

なので、優待株の購入時には、その優待利回り（目安は3％以上）や優待内容が自身にとって必要かのチェックも大切ですが、何よりも、**今後、優待の廃止・改悪の可能性が低いものを、慎重に選ぶ必要がある**のです。


もちろん、慎重に選んだからと言って、投資に「絶対」はありません。

しかしそれでも、優待の廃止・改悪リスクを意識して投資することで、そのリスクは減らすことは可能です。

ほったらかし投資では、ずっと安心して、持ち続けたいですからね。

そのためにも、優待株投資で意識する点としては、まずは、その銘柄（企業）の業績や財務状況です。

業績や財務状況が悪化すれば、大きなコスト負担となる株主優待にメスが入る可能性があるので、将来にわたって業績良好が見込める銘柄を選ぶのは、基本中の基本です。

もっともそれは、優待株投資に限らず、株式投資全般に言えることですよね。

そのうえで、優待の廃止・改悪リスクを避けるべく、**絶対に確認すべき、優待銘柄独自の視点**を2点紹介します。

それは「過去の優待実績」と「本業との関連」です。

視点① その優待は、長年の実績があるのか？

1章の高配当株にて、「過去の配当金実績」が極めて重要だったのと同様に、優待株投資においても「**過去の優待実績**」、すなわち、その優待がどれだけ続いているのかが、将来の優待実施を見通す意味で、極めて重要となります。

長年ずっと続いている優待であれば、企業側にもそれだけ優待実施のノウハウが蓄積しており、優待の費用対効果も把握（コントロール）していることから、廃止・改悪リスクは比較的低いと言えるからです。

また、長年優待を続けている企業の場合、その優待が銘柄のアイデンティティとなっていることも多く、優待廃止・改悪のマイナスイメージは計り知れないであろうことからも、優待廃止・改悪には極めて消極的だと考えられるからでもあります。

すなわち、その優待が長年続いていれば、今後も続く可能性は高いでしょう。

さらに言えば、魅力的な株主優待を長年続けているような銘柄は、優待を続けるだけの力（業績や財務状態）があり、そして人気がある（根強いファンがいる）ことから株価は底堅く、そして値上がりも期待できるでしょう。

ちなみに、長年続いているお馴染みの優待銘柄としては、カゴメやマクドナルドなどが有名です。

ただ、いずれも優待利回りは1％未満と極めて低く、投資妙味はあまりありません。ほったらかし投資としては、優待利回りの高い銘柄から、そんな長年優待を続けている銘柄を選びたいものですね。

逆に言えば、**新設されたばかりの（実績の少ない）優待は要注意**です。

そんな優待銘柄は、「優待を始めてみたけれど、負担が大きいので、やっぱりやめます」的な感じで、あっさりと廃止してしまうケースも少なくないからです。

もちろん、今は新参優待であっても、それが、これから長年続く優待となっていく可能性も十分あります。

しかし、優待廃止・改悪の確率で言えば、そこはやはり、長年続いている優待に軍配が上がるわけでして、よほどの魅力がない限り、あえて新しい（実績の少ない）優待を選ぶことはないでしょう。

最低でも3年以上、できれば10年以上、改悪されることなく続いている優待銘柄を選びたいものです。

視点②　その優待は、本業と関連するのか？

たとえば、吉野家やアトムといった外食企業の「お食事券優待」は、ダイレクトに集客や宣伝につながり、本業との相乗効果が見込めます。こういったファン獲得の意味合いも大きい優待を廃止してしまうと、企業としてもマイナスの影響は大きいことから、本業と関連する優待も、廃止・改悪リスクは比較的低いと言えるでしょう。

逆に言えば、本業とはまったく関連しないような優待は、本業への直接的な影響は少ないことから、比較的廃止・改悪しやすいとも言えます。

その代表が、クオカードや商品券といった金券優待です。

金券の類は現金に近くて使い勝手がよく、株主としては嬉しいのですが、企業からすれば、とくに集客や宣伝にはつながりません。

そしてなんといっても、企業にとって、金券優待のコスト負担は大きく、**廃止・改悪リス**

クは高いのです。

なぜなら、原価ベースの負担である自社商品や割引券・買物券等に対して、金券は額面金額そのものが企業の負担となるからです。

そんなことから、金券優待で、やたらと優待利回りが高いものは、注意が必要です。

実際、金券優待の廃止事例は多く、それで痛い目にあった人も少なくはありません。

私も過去に何度か、そんな金券優待の廃止で、痛い目にあっております。

たとえば、そのひとつがエリアクエストという不動産会社。

当時200円程度の株価（投資額約2万円）に対して、クオカード1000円分の株主優待（優待利回り5％）に、喜び勇んで投資をしました。

しかし、突然、優待廃止を発表。発表日の株価は2割以上も暴落し、さらに下落を続け、最終的に私は1万円以上の損失を被りました。

優待のクオカードを受け取りはするものの、「1000円のクオカードを、1万円で買ったわけか……」との苦い思い出があります。

ちなみに、この優待は新設から半年足らず、わずか1回の実施で廃止と、（悪い意味で）話題となりました。

おススメの優待株

私は株主優待が大好きで、優待株は約100銘柄保有しております。

某優待名人のように、「株主優待だけで生活している」とまではいきませんが、これまでの失敗経験を活かし、自身に必要な（絶対に利用する）優待をしっかり吟味して投資していることもあって、かなりの生活費削減につながっています。

また、優待の使用時には、株主気分を存分に味わっていることで、ある意味、株主優待の金銭的価値以上の恩恵を受けているとも実感しております。

そんな優待マニアでもある私が、個人的見解（好み）ではありますが、ほったらかし投資でお勧めの5銘柄を挙げさせていただきます。

イオン

国内首位級の大手総合スーパー。

買上金額の3％キャッシュバックが受けられる「オーナーズカード」が株主優待です。

買上金額（すなわちキャッシュバック額）は人それぞれなので、優待利回りも人それぞれとなりますが、普段からイオンでよく買物をする人は、相当な高水準が期待できるでしょう。

なお、上限は半年間で買上金額100万円までなので、フルに活用すれば、年間6万円のキャッシュバック（年間買上金額200万円×3％）が受けられます。その場合、優待利回りは20％を超える超高水準となります。

また、このキャッシュバックは、毎月20・30日のお客様感謝デー（5％off）とも併用できるので、イオンユーザー必携の株主優待とも言えるでしょう。

ちなみに、このイオンのような「割引優待」の類は、使い方によっては、相当な高利回りとなります。

割引優待としては、他には愛眼（30％割引）や高島屋（10％割引）などが有名です。

もし、普段からよく利用している店があれば、そこに割引優待があるかどうか、チェックしてみてもいいですね。

TOKAIホールディングス

LPガスのザ・トーカイとCATV等のビック東海が経営統合。

株主優待は、天然水やクオカード、自社グループ食事券やグループ会員サービスポイントなど、さまざまな種類から選択できますが、私はいつも天然水を選んでいます。なぜなら、天然水は「500mペットボトルが年間24本分」と使い勝手が良く、絶対に利用するからです。

また、他の優待に比べ、天然水の優待利回りは高めなのです（1本150円（年間3600円相当）として優待利回りは約4％）。

ヴィレッジヴァンガードコーポレーション

遊べる本屋をコンセプトとした複合小売店を展開。

株主優待は、店舗で使える買物券が年間1万円相当で、1年以上継続保有で1万1000円分、2年以上継続保有で1万2000円相当にアップします。

ほったらかし投資は長期保有なので、2年以上継続保有として、優待利回りは10％超となります。

店舗では、書籍、CD、雑貨、食品等、幅広い商品を扱っており、陳列やポップも含めて、ワクワク感満載です。

万一、買物券を使わなかったとしても、金券ショップ等にて4000円程度で買い取ってもらえるので、その場合でも、利回りは4％程度と十分満足な数字となります。

クリエイト・レストランツ・ホールディングス

多彩な店舗を展開する外食企業。

和食・中華・洋食・イタリアン・ビュッフェ・スイーツなど、日本全国の多種多様なレストランやカフェで使える優待券（年間4000円分）は、使い勝手抜群です。

最低投資額は10万円程度なので、優待利回りは4％程度と十分な水準となっています。

エディオン

中部・西日本を地盤とする大手家電量販店。

冒頭で紹介したビックカメラの優待も魅力的ですが、エディオンも引けを取りません。

株主優待は、エディオン等の店舗で使えるギフトカードが年間3000円分で、1年以上継続保有で4000円分にアップします。

ほったらかし投資は長期保有なので、1年以上継続保有として、優待利回りは3％程度と十分な水準です。

しかも、エディオンは配当利回りも3％程度と高いことも、大きな魅力です。


ちなみに、優待株の購入タイミングについてですが、高配当株と同様に、今現在、優待利回りが高い状態であるということは、それは「優待価値に対して、株価が割安な水準」ということなので、優待利回りが高い今こそがまさに、購入タイミングだと言えるでしょう。

配当金との合わせ技はどうか？

最後に、1章の配当金との合わせ技について、書かせていただきます。

前述のエディオンなどのように、優待株が、同時に、魅力的な高配当株であることも少なくありません。その場合、優待利回りと配当利回りを合わせた「総合利回り」は、相当な水準となることでしょう。

総合利回りが安定的に8％を超えてくるような、中には10％に迫るような銘柄もあるかもしれません。

もっとも、優待利回りだけで十分満足な数字であれば、その銘柄が必ずしも、配当利回りの高い銘柄でもある必要はありません。株主優待も配当金も魅力的な銘柄を……と欲張ると、いずれも中途半端になってしまう可能性があります。

ですので、**優待株投資であれば「株主優待目線」で**と、銘柄選びの目線は、その目的に絞ることが大切です。そして選んだ銘柄がたまたま、「配当利回りも良い」であればラッキー、とのスタンスで臨むようにしたいものですね。

3章　投資信託

リスク　2〜4
リターン　2〜5%

平均リターン約8％の国内株式にまとめて投資

投資信託とは、多くの投資家から集めた資金を、運用の専門家（運用会社）がひとつにまとめて、株式や債券等で運用する商品です。

すなわち、銘柄の選定から、売買のタイミングまで、**すべてを運用のプロにお任せ**する商品です。まさに、ほったらかし投資にうってつけの商品で、この投資信託については、一般にはファンドとも呼ばれています。

たとえば、投資信託のひとつに「ｅＭＡＸＩＳ Ｓｌｉｍ 国内株式（日経平均）」という商品があります。

これは、東証プライムに上場する銘柄のうち、とくに選ばれた２２５銘柄に投資するファンドです。少し大袈裟に言えば、プロにお任せすることで、**日本を代表する２２５社にまとめて投資できる**ファンドですね。

このファンドは5年程前に設定され、新型コロナで大きなダメージを負ったものの、すぐに回復、そして力強い上昇を続けています。結果、設定当初から約1・5倍に値上がりをしており、年間平均リターンは約8％となっています。

もし、このファンドに投資をしていれば、そんな国内株式市場の高いリターンを、ほったらかしで、そっくりそのまま享受できたわけです。

分散投資の強烈な効果

投資信託には、このように「すべてを運用のプロにお任せする」以外にも、ほったらかし投資に向いている、大きな特徴があります。

それは、「**分散投資が効いている**」こと。

株式や債券などの個別銘柄を購入する場合、最悪の場合、投資額がゼロとなる可能性があります。

もちろん、そんな最悪の事態を避けるべく、徹底的に吟味して投資するわけですが、それでも、何が起こるか分からないのが投資です。

日本航空（ＪＡＬ）のように、日本を代表する巨大企業ですら、かつては経営破綻を経験しています。そして、最終的に株価は1円となり、上場廃止となったのですから（現在は再上場）。

そんな個別銘柄の購入がいわゆる「単品買い」だとすれば、投資信託の購入は、いわゆる「**パッケージ買い**」となります。

なぜなら、投資信託では、数十から数百銘柄、ものによっては数千銘柄に分散投資をするのですから。

冒頭では、日本を代表する225社（＝日経平均株価）に投資するタイプを挙げましたが、東証株価指数（ＴＯＰＩＸ）に投資するタイプであれば、その投資銘柄数は2000銘柄を超えます。

投資信託という商品そのものの資産価値がゼロになるということは、その投資信託が投資している、すべての銘柄が破綻するということです。

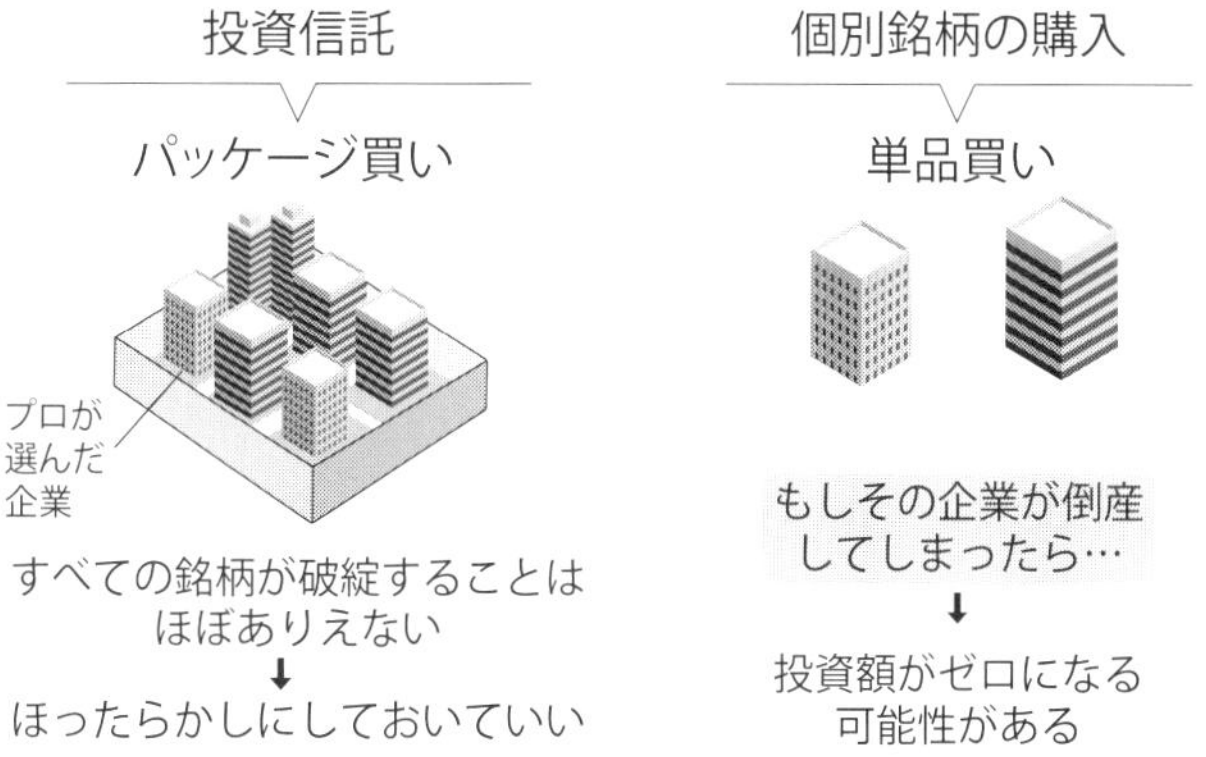
投資信託
パッケージ買い
プロが選んだ企業
すべての銘柄が破綻することはほぼありえない
ほったらかしにしておいていい
個別銘柄の購入
単品買い
もしその企業が倒産してしまったら…
投資額がゼロになる可能性がある

しかし、さすがに、そのようなことが起こりうる可能性は極めて低い、というか、まずあり得ないと断言してもよいでしょう。

資産価値がゼロにさえならなければ、投資は続けることができます。

そして、ほったらかし投資では、投資信託の価格がどれだけ値下がりしようとも、売ることはせず、基本的には、**ずっと持ち続ければよい**わけです。

投資信託の値動きには一喜一憂せず、腹をくくってずっと持ち続けること、そのスタンスこそが、ほったらかし投資ですからね。

しかし、そのように腹をくくることは、なかなか難しいものです。

その意味では、分散投資が効いている、すなわち「**資**

産価値がゼロになることはほぼあり得ない」という投資信託の特徴は、腹をくってずっと持ち続けるための、大きな安心感、そして後押しとなりますね。

ゆえに、投資信託という商品は、ほったらかし投資に慣れていない人にとっては、うってつけと言えるでしょう。

魅力満載の投資信託

これまで紹介してきた「すべてを運用のプロにお任せする」「分散投資が効いている」は、ほったらかし投資の視点に限らず、投資全般においても大きなメリットですよね。

実は、投資信託にはそんなメリットが、他にもいろいろあるのです。

メリット① 少額投資が可能

投資信託の多くは、1口1万〜3万円程度から投資できます。

メリット② 取扱金融機関が多い

投資信託は証券会社だけでなく、多くの銀行（ゆうちょ銀行含む）でも取り扱っています。
ちなみに株式、そして債券の多くは、証券会社のみでの取り扱いとなります。

メリット③ 種類が豊富

投資信託は、約6000種類あると言われています。国内外の株式、債券、不動産など、その投資対象は多種多様で、ファンドごとに特色ある運用となっています。

なんだか、投資信託を褒め過ぎていて、「投資信託業界の回し者か」と思われそうですが、実際、投資信託には、それだけ多くのメリットがあるのです。

ほったらかし投資目線の基準とは？

さて、そんな投資信託ですが、その種類は非常に多く、前述の通り、約6000種類もあると言われています。これは、国内株式の銘柄数（約４０００銘柄）より多いわけです。

たとえば、日本株に投資するファンドと一口に言っても、「日本株全体に投資するタイプ」もあれば、金融・建設・食品・化学など業種を絞ったタイプ、ＩＴ関連・バイオ関連・ロボット関連などテーマを絞ったタイプなどもあります。

そして、その投資対象は株式ではなく、債券や不動産、商品（金・原油等）など、**様々な資産が投資対象**となります。

更には、日本に限らず、アメリカ、欧州、東南アジア、オセアニアなど、あらゆる国・地域の資産も投資対象となります。

また、その投資対象だけでなく、その運用方針や運用手法も、ファンドによって多種多様です。

いわば投資信託は選びたい放題なわけですが、それがゆえに、選びきれずに途方に暮れるかもしれませんね。


でも、安心してください。

ほったらかし投資の視点で選ぶ場合には、**明確な基準**があります。

もともと、ほったらかし投資に向いている投資信託ではありますが、より、ほったらかし投資であることを意識するのであれば、まず見るべきポイントがあるのです。

それは、「コストが低い」「運用規模が大きい」の2点です。

ポイント① コストが低い

コストとは、投資信託にかかる諸々の手数料のことで、それは我々、投資家が負担することになります。

運用会社をはじめ、販売会社である銀行や証券会社、さらには資産を管理する信託銀行など、投資信託に関わる金融機関は、それぞれしっかり手数料を取るのです。

そんなコスト（手数料）は大きく分けて、次の3つです。

販売手数料

購入時にかかるコストで、販売会社（銀行や証券会社等）に支払う。

購入額の1～2％程度が多いが、同じ投資信託でも、販売会社によって異なり、とくにネット窓口であれば無料も多い。

運用管理費用（信託報酬）

保有期間中にかかるコストで、販売会社・運用会社・管理会社に支払う。ただし、運用財産から差し引かれるので、支払っているとの実感は乏しい。投資信託ごとに決まっており、運用資産の年間0・1〜3％程度と幅がある。

信託財産留保額

中途換金時にかかるコストで、換金時にかかる諸費用に充てられる。換金額の0・3％程度であるが、徴収しない投資信託も多い。

このうち、ほったらかし投資において、もっとも気を付けるべきコストは「運用管理費用（信託報酬）」です。

なぜなら、購入時や中途換金時に1回限りの「販売手数料」「信託財産留保額」と違って、ほったらかしで保有している間、その運用成績に関係なく、ずっとかかってくるコストだからです。

運用が上手くいかなくても徴収されるのかよ、と納得いかないかもしれませんが、徴収されるのです。

それが高いものだと年間3％を超え、一方で、年間0・1％を切るものもあって、非常に大きな差があります。

運用資産が1000万円だと、年間の負担額は、前者が3万円で、後者が1000円。

これが10年、20年と長期間となると、とんでもない差となることは言うまでもありません。

なので、ここは徹底的にリサーチして、徹底的に低いものを選びたいところです。

この運用管理費用（信託報酬）が高いからと言って運用成績が良いとは限りませんし、低いからと言って運用成績が悪いわけではないのですから。

しっかり選んで、投資さえすれば、あとはほったらかしなのですから、ここは労力を惜しまないことです。

運用成果はどうすることもできませんが、コスト削減は、努力でコントロールできるのですから。

たとえ0・1％の差でも、長期間で見れば大きな差となります。

また、0・1%低いものを選べば、それは0・1%で運用できたのと同じ効果ですよね。この超低金利の中、0・1%でも高い預金を求めて、アチコチの銀行を探し回る労力と比べれば、0・1%のコスト削減の方が、はるかに楽ではないでしょうか。

ポイント② 運用規模が大きい

投資信託の運用期間には、「有期限」タイプと、「無期限」タイプがあります。

このうち、無期限であれば、ずっとほったらかしにできるわけですから、当然、ほったらかし投資のスタンスとしては、無期限を選びたいところです。

ただ、気を付けたいことがあります。

それは、運用期間が無期限といっても、ファンドの事情によっては「運用終了」となってしまう可能性があることです（これを繰上償還という）。

運用終了となれば、ほったらかし投資はそこで終了となり、また新たなファンドを選ばなければいけません。また、運用終了となれば、その時点の価格で強制的に換金されるので、思いがけずに売却損がでるかもしれません。

なので、運用終了との事態は、できる限り避けたいところなのです。

運用終了となる理由で多いのが、「運用資産（純資産総額）が少なくなってしまったから」。運用資産が一定額を下回ると、思い通りの運用ができず、また、運用効率も悪くなり、やむを得ず、終了となることもあるのです。

ちなみに、**運用資産30億円程度が、運用終了となる目安**と言われています。

運用資産が極端に少ないファンドや、運用資産が減少傾向のファンドは避けたいところです。

なので、同じタイプのファンドで迷っているのであれば、できる限り運用資産が多いものを選ぶようにしましょう。

それを心がけるだけでも、運用終了リスクは、かなり避けることができるはずです。

パッシブ運用とアクティブ運用どちらを選ぶべきか？

ところで、投資信託の運用手法は、大きく分類すると、パッシブ運用とアクティブ運用の2つに分けることができます。

パッシブ運用とは、日経平均株価や東証株価指数などのベンチマークに連動する運用成果を目標とするもので、実際、ほぼベンチマークに連動した運用成果となります。

このベンチマークとは「運用の基準」とするもので、たとえば、日本株で運用するファンドであれば、基本的に日経平均株価や東証株価指数などの指数が用いられます。

もし、ベンチマークが日経平均株価であれば、日経平均株価が10％上がれば、そのファンドの価格も10％上がり、日経平均株価が10％下がれば、そのファンドの価格も10％下がるので、分かりやすいですね。

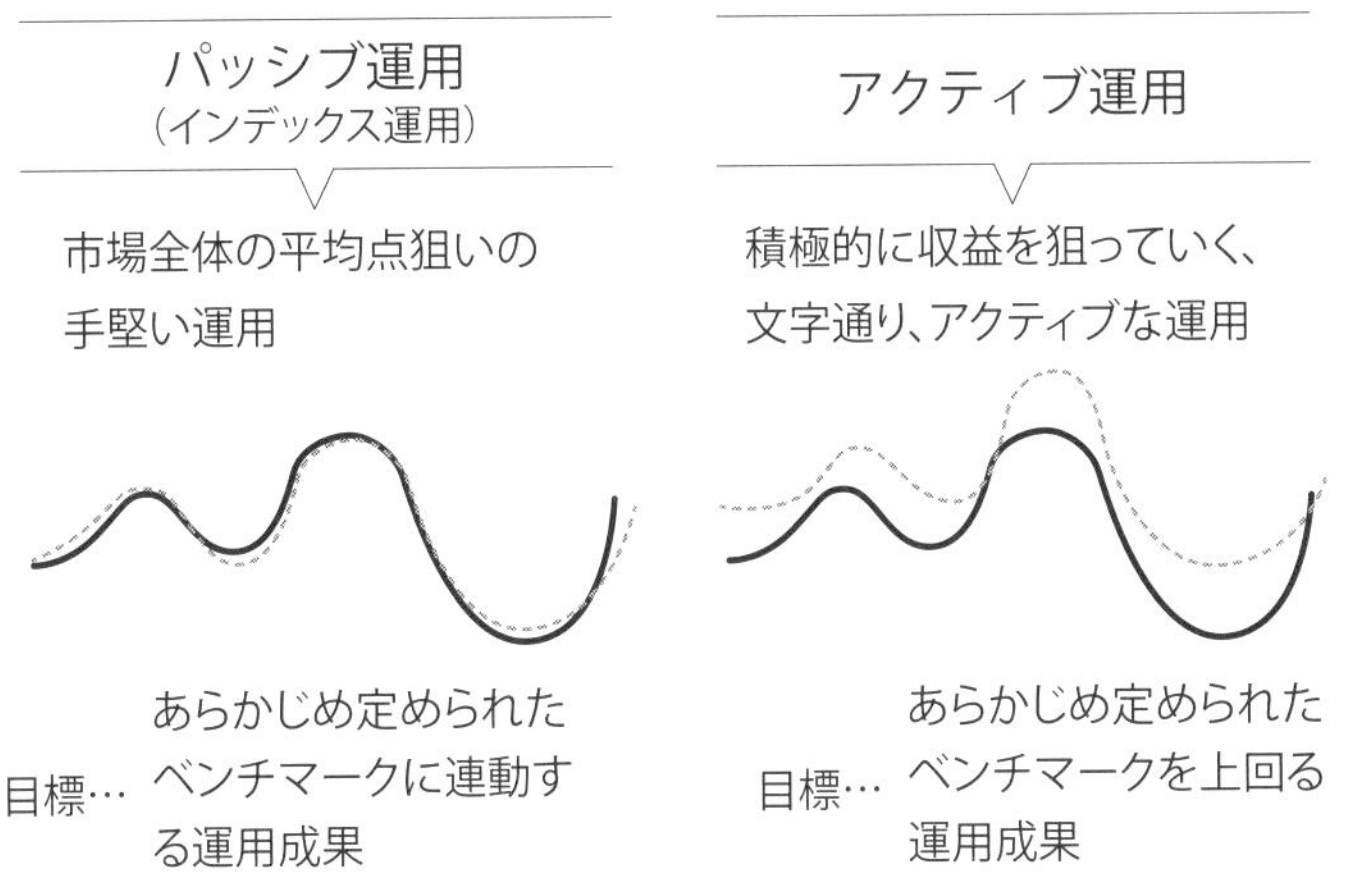
パッシブ運用
（インデックス運用）
市場全体の平均点狙いの
手堅い運用
目標…
あらかじめ定められた
ベンチマークに連動する運用成果
アクティブ運用
積極的に収益を狙っていく、
文字通り、アクティブな運用
目標…
あらかじめ定められた
ベンチマークを上回る
運用成果

一方、アクティブ運用とは、ベンチマークを上回る運用成果を目標とします。

ただ、あくまでも「目標とする」のであって、実際には、ベンチマークを大きく上回ることもあれば、下回ってしまうこともあります。

そこは、運用会社の腕次第なのです。

そして、ほったらかし投資では、ずばり、**パッシブ運用をお勧めします**。

なぜなら、前述の「運用管理費用（信託報酬）」が安いから。

パッシブ運用では、銘柄選定の手間暇がかからないので、運用管理費用が安いのです。

たとえば、日経平均株価に連動するタイプであれば、日経平均株価に組み入れられている225

銘柄をそのまま買えばよいわけですから。

一方で、アクティブ運用の運用管理費用は高くなりがちです。

なぜなら、ベンチマークを上回る運用成果を挙げるべく、運用会社が手間暇かけて銘柄をリサーチして、タイミングを見計らって機動的に売買するにはコストがかかるからです。

また、パッシブ運用には「無期限」タイプが多く、アクティブは「有期限」タイプが多いことも、ほったらかし投資では、パッシブ運用をお勧めする理由となります。

アクティブ運用はダメなのか？

このように、ほったらかし投資のスタンスでは、パッシブ運用をお勧めするわけですが、アクティブ運用についても、少し触れておきたいと思います。

一般的に、アクティブ運用の運用成果は、ＡＩ関連、ＤＸ関連など、その時々の流行のテーマに沿ったものが多いので、ブレ幅が大きく、予想がつきにくいものです。

また、アクティブ運用は流行り廃りが激しく、また、運用方針や運用担当者の変更など、突然、ファンドのスタンスがガラリと変わってしまう可能性もあります。

これでは、安心してほったらかしにはできませんよね。

そんな観点からも、**アクティブ運用は、ほったらかし投資には向いていません**。

ほったらかし投資にはパッシブ運用の方が向いている、というより、アクティブ運用は避けたい、と言ってもいいかもしれません。

しかし、アクティブ運用の方が、独自の運用方針・運用哲学があって、面白いファンドが多いのです。パッシブ運用は手堅いのですが、面白みには欠けます。

なので、ほったらかし投資のスタンスではなく、完全に遊びと割り切って、運用をトコトン楽しむのであれば、断然アクティブ運用でしょう。

ちなみに、私が保有するアクティブ運用ファンドのひとつに、「ｉＴｒｕｓｔ世界株式」というファンドがあります。

このファンドの愛称は「世界代表～勝ち組企業厳選～」で、主に高い競争優位性をもつグローバル優良企業の株式に投資するものです。

もう少し詳しく説明すれば、世界的にブランド名が知られているうえに、強力なマーケティング・販売網を構築していることにより、高い競争優位性をもつ企業を目利きしてくれるファンドなのです。

投資銘柄には、マイクロソフトやアップル、アマゾンをはじめ、スイスのロシュやドイツのRWEなど、錚々たる企業がズラリと並びます。そんな世界の勝ち組企業にまとめて投資できる凄さに惚れて、私は投資したのでした。


アクティブ運用なだけあって、このファンドの信託報酬は約1％と低くはありませんが、2016年2月の設定からの運用成果は年率10％超と、驚異のパフォーマンスを挙げています。

アクティブ運用ファンドの中には、そんな優れたファンドもあるのです。

ただ、前述の通り、アクティブ運用は流行り廃りが激しいので、将来にわたって、安心して保有し続けることができるかというと、そこは疑問です。

なので私は、このファンドは「ほったらかし投資」のスタンスではなく、今後の動向を見守りながら、臨機応変に対応していく予定です。

おススメのファンド

それではここで、本項の選定基準を踏まえて、お勧めファンドを3本紹介しましょう。
いずれも三菱ＵＦＪ国際投信が設定する「ｅＭＡＸＩＳ Ｓｌｉｍ」のファンドですが、これは超低コストのインデックスファンドを扱う、超人気のシリーズです。

いずれも販売手数料・中途換金留保額は無料で、運用管理費用（信託報酬）は０・１％台と超低コスト、そして純資産総額は約３００億～１兆円超と十分な水準です。

また、リターン実績は、過去３～５年間の騰落率から、年率で約7～20％もの高い数字を誇ります。

数ある投資信託の中から、本章で挙げた「ほったらかし投資の基準」を、いずれも高いレベルで満たしたものをピックアップした次第です（２０２３年7月3日時点）。

①eMAXIS Slim 国内株式（日経平均）

・インデックスタイプ
・ベンチマーク　日経平均株価
・信託報酬　0・143％
・純資産総額　342・00億円
・基準価額　1万5902円
・過去5年間の騰落率　67・83％
・冒頭に紹介したファンドで、日経平均株価に連動するパッシブ運用ファンドとしては、そのコストは最安値クラスとなります。

②eMAXIS Slim 全世界株式（オール・カントリー）

・インデックスタイプ
・ベンチマーク　MSCI オール・カントリー・ワールド・インデックス
・信託報酬　0・1133％
・純資産総額　12629・95億円

・基準価額　　1万9841円
・過去3年間の騰落率　　81・03％
・全世界の株式に投資するタイプですが、各国への投資比率はGDPの割合となっています。なので、アメリカ株式の割合が7割近くを占めていることから、アメリカ株式の動向に大きく影響されます。

③eMAXIS Slim バランス（8資産均等型）

・インデックスタイプ
・ベンチマーク　　国内株式・先進国株式・新興国株式・国内債券・先進国債券・新興国債券・国内REIT・先進国REITの各マーケットを合成した指数
・信託報酬　　0・143％
・純資産総額　　2095・47億円
・基準価額　　1万4807円
・過去5年間の騰落率　　40・07％

・国内外の株式・債券・不動産を8つもの資産クラスに分け、それらに均等に（各資産の投資比率はいずれも12・5％）投資するタイプで、その分散効果は極めて高いと言えます。

とくに、「②全世界株式（オール・カントリー）」「③バランス（8資産均等型）」は、グローバルなほったらかし投資ができることもあり、非常に人気商品です。

各メディアでの人気ファンドランキングでも上位の常連で、よく「売れ筋」としても紹介されてもいます。

実際、全世界株式（オール・カントリー）の純資産総額は1兆円超と、これは全ファンドの中でもトップクラスです。「オルカン」の愛称で、多くの投資家から、絶大な信頼を得ているファンドなのです。

なお、インデックスタイプの投資信託は、ベンチマークが同じであれば、基本的に、運用成績に差はありません。すなわち、そのコストや運用規模が、そのままファンドの良し悪しに直結するので、優れたファンドを選びやすいのです。

人気のある商品、売れている商品が良いとは限らないのが世の常ですが、インデックスタイプの投資信託については、人気・売れ筋ランキングの上位であれば、ある程度、その信頼性は担保されていると言ってもよいでしょう。

定期的な収益は諦める

なお、本章にてお勧めとして挙げたいずれのファンドも、これまで、収益分配金は支払われていません。

収益分配金とは、利益の分配のことで、株式でいうところの配当金です。

通常年1〜2回、ファンドによっては毎月、定期的に受け取ることができる収益ですが、この収益分配金を出すか出さないかは、ファンドの判断次第となります。

そして、パッシブ運用ファンドでは、収益分配金を出さないものが多いのです。

しかし、収益分配金を出さない分、収益の複利運用効果が見込めるので、長い目で見れば、より大きな収益が見込まれます。

なので、投資信託では、定期的な収益という楽しみがないのは残念ですが、それは、「高配当株（配当金）」や「優待株（株主優待）」など、他の商品で楽しめばよいでしょう。

その分、本章の投資信託では、「長期でじっくり育てる」とのスタンスで割り切りたいところです。

ほったらかし投資の候補商品は複数あるわけですから、その目的に応じて、資金を振り分けることも、楽しみたいところですね。

つみたてNISA《ニーサ》とiDeCo《イデコ》

それでは最後に、つみたてNISAやiDeCo（個人型確定拠出年金）について、少し触れておきます。

なぜなら、投資信託は、これら制度と大きく関わってくるからです。

本書では、これら制度の詳細まで説明はしませんが、一言で言えば「**節税効果のあるつみたて制度**」です。

というのは、その**投資収益が非課税**となるからです。

本来、投資収益には約20％の税金がかかるので、これはかなりお得なのです。

しかも、ｉＤｅＣｏについては、投資収益が非課税となるだけでなく、つみたて金額が「所得控除」の対象となり、その結果、その年の収入にかかる税金も安くなるのです。

なので、つみたて投資をしようと考えているのであれば、まず、検討すべき制度なのです。

つみたてＮＩＳＡもｉＤｅＣｏも、基本的には、誰でも活用することができます。

手順も簡単で、窓口となる銀行や証券会社を選んで申し込み、つみたて商品を選択するだけです。

つみたてる商品を選べば、あとは自動的に、毎月一定額が引き落とされ、そのつみたて商品を購入していくことになります。

そして、つみたて商品のラインナップは、窓口となる金融機関によって異なるのですが、いずれの金融機関でも、メインとなる商品は、この投資信託なのです。

ですので、もし、ほったらかし投資で投資信託を考えているのであれば、まずは、つみたてＮＩＳＡやｉＤｅＣｏの活用を検討してみてはいかがでしょうか。

4章 REIT

リスク　3
リターン　3～6%

大家さんになりたいけれども…

不動産投資に興味のある人は多いと思います。

定期的に入ってくる家賃や地代で、悠々自適の生活のイメージもあって、大家さん、地主さん稼業に憧れる人も多いのではないでしょうか。

まさに、ほったらかし投資のイメージそのものでもありますしね。


私も、そんな大家さんに憧れる一人でした。

そして、かつては、株式や債券投資の延長で、軽い気持ちで、不動産投資を考えたこともありました。

株式や債券だけでなく、ＦＸや先物など多くの投資経験もあり、投資には慣れているとのプライドもあって、簡単にできると思っていたのでした。


ただ、不動産投資を真剣に考えれば考えるほど、それは**あまりにもハードルが高い**ことに気付いたのでした。
その高いハードルとは、主に以下の3点です。

ハードル① 投資額が高額

中古のワンルームマンション投資でも数百万円、マンション一棟投資となれば数億円が必要となる。

ハードル② 物件の目利きが困難

優良物件を見極め、取得するには、不動産に関する知識だけでなく、売買交渉等、相当な経験も必要となり、また、物件周辺の土地勘なども欠かせない。

ハードル③ 管理が大変

入居者募集、修理等のメンテナンス、トラブル対応など、賃貸業務に係る管理が大変。
管理会社に任せるにしても、その管理会社がきちんとやってくれているかのチェックは必要となる。

つまりは、潤沢な資金があって、物件選びや交渉時にかかる知識・経験が豊富で、物件周辺の土地勘もあり、物件管理に時間・労力が割ける人でないと、不動産投資というものは、なかなか難しいということなのです。

そのいずれも満たしていない私でしたが、大家さんになりたい一心から、かつて、業者に無理言って、物件を紹介してもらったことがあります。

それは、北海道の某地方都市にある2００万円程度のボロ物件でした。ただ、何だか訳ありな匂いがプンプンして、私の手には負えそうにない物件なので、見送りましたが。

資金もなく、知識・経験もなく、そして人脈もない私が紹介してもらえる物件は、こんなものしかないのかと、不動産投資のハードルの高さを思い知ったのでした。

REIT《リート》なら不動産投資のハードルをクリアできる

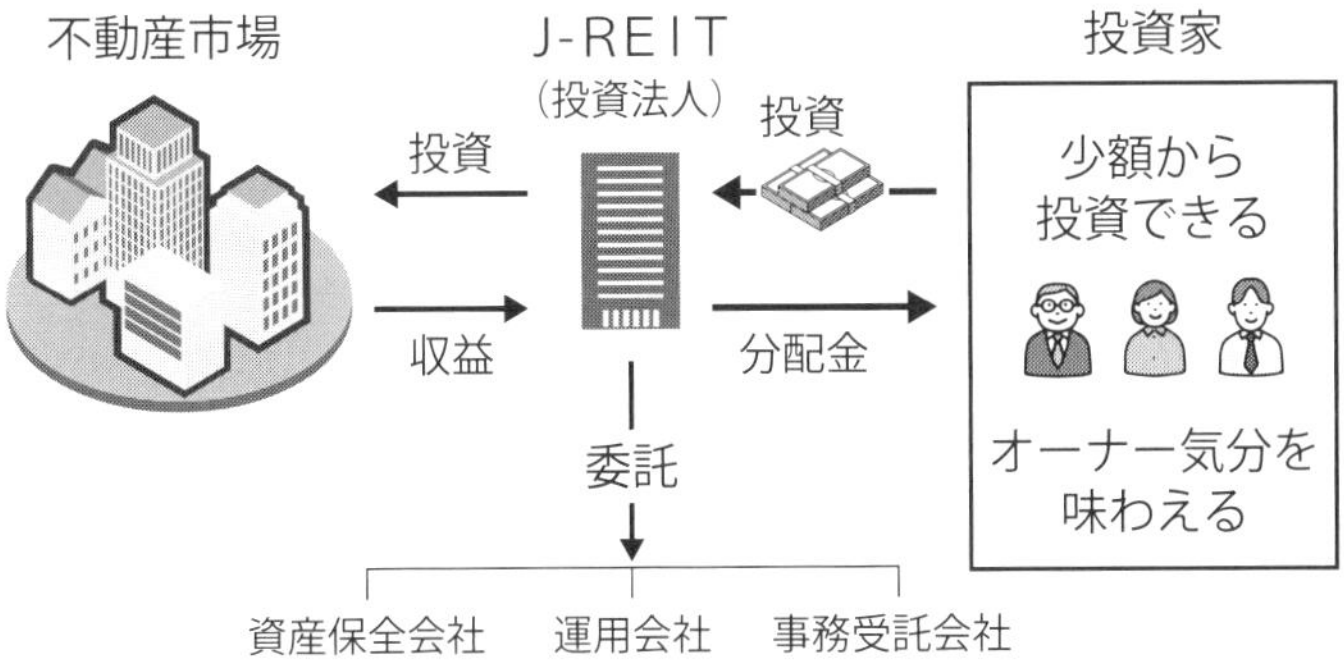

しかし、不動産投資への思いは捨てきれず、そこで見つけたのが、**不動産の一口オーナー**である「ＲＥＩＴ」です。

ＲＥＩＴとは、投資信託の一種で、**不動産投資信託**とも言います。

投資信託とは、投資信託の章でも説明していますが、多くの投資家から集めた資金を、運用会社がひとつにまとめて運用する商品のことです。

すなわち、不動産投資信託とは、多くの投資家から集めた資金を、運用会社がひとつにまとめて「不動産を購入して」、そこからの家賃・テナント等の収益が、投資家に分配される商品です。

その仕組みをもう少し詳しく説明すれば、国内の一般的な不動産投資信託では、前ページの図のように「投資法人」を設立して、不動産を購入します。

そして投資家は、その投資法人が発行する投資証券（株式会社でいうところの株式）を購入する形で、間接的に不動産に投資することになるのです。

もっとも、ＲＥＩＴの仕組みを詳細まで把握するのは大変なので、つまりは、ＲＥＩＴに投資することで、「間接的に、不動産オーナーになることができる」、と理解しておけばよいでしょう。

そして、このＲＥＩＴに投資することで、前述の、不動産投資の３つのハードルを見事クリアできるのです。

①投資額が高額→少額投資が可能

ＲＥＩＴは一口５万～50万円程度から投資可能で、その多くは10万～20万円台である。

②物件の目利きが困難→物件の目利きはお任せ

REITでは、不動産投資の専門会社が目利きして、厳選した物件への投資となる。

③管理が大変→管理もお任せ

REITでは、賃貸に係る諸々の管理業務もお任せとなり、また、状況に応じて売却や購入といった、物件の入替作業もお任せ。そしてREITに満期はないので、REITに投資さえすれば、あとはほったらかしで、定期的に分配金を受け取り続けることができる。

なお、REITの投資物件はひとつだけではなく、多くの物件に分散投資するので、**リスク分散**となります。

通常の不動産投資の場合、投資するのは1部屋、1棟だけなので、万一、その物件に何かあれば大損害となりますが、REITでは、そんなリスクが大幅に軽減されるのです。

そんな分散投資効果も、安心してほったらかしにできるポイントと言えるでしょう。

すなわち、不動産投資には興味があっても、そのハードルの高さに躊躇している人にはうってつけの商品で、さらには、**ほったらかし投資にもうってつけ**の商品なのです。

ほったらかしで利回り4％

そして、私はそんなＲＥＩＴを20本ほど、保有しています。

ＲＥＩＴは少額から投資できるので、多くのＲＥＩＴに投資することで、さらなるリスク分散を図ることができるのです。


たとえば、私が保有するＲＥＩＴのひとつに「阪急阪神リート投資法人」があります。

これはその名の通り、阪急阪神ホールディングスをスポンサーとするＲＥＩＴで、主に関西圏の商業・ホテル施設に投資するものです。

投資物件には、グランドフロント大阪やＨＥＰファイブなど、大阪在住の私にとっては馴染みのあるビルが多く、「私は、このビルにも投資しているのか」と、物件近くを通るたびに、オーナー気分に浸っております。そんな満足感に浸りつつ、このＲＥＩＴからは、年間6000円程度の分配金を受け取り続けております。

私がやることは、決算時に送られてくる報告書で、物件の運営状況に目を通すくらいのもの。もっとも、目を通したところで、その詳細まで把握・分析等はできないので、すべてお任せ状態で、オーナー気分だけは満喫させていただいております。

この阪急阪神リート投資法人は一口14・5万円程度なので、分配金利回りは約4％となります。

分配金利回りとは、投資額に対する分配金の割合のことで、阪急阪神リート投資法人の場合、6000円÷14・5万円≒4％となるわけです。

REITの分配金利回りは平均4％程度

REITの分配金利回りは、およそ2％半ば～6％程度で、全体平均としては4％程度となっています。

なので、前述の阪急阪神リート投資法人の分配金利回りは、REITの平均レベルですね。

ダイレクトに不動産投資をするなら、地方の訳あり中古物件など、20％を超えるような高利回りも珍しくはないので、この4％では物足りないと感じるかもしれません。

しかし、いくら利回りが高くても、ＲＥＩＴにおいては、そのような訳あり物件などに手を出すことはできません。

なぜなら、ＲＥＩＴでは、投資家からの資金は、投資法人が（正確には、投資法人から資産運用の委託を受けた運用会社が）責任を持って運用しているからです。なので、多くの投資家の理解が得られないような物件などには、基本的には手を出すことはできないのです。


その結果、ＲＥＩＴにおいては、**比較的手堅い物件に投資**しています。

当然、手堅い物件の利回りは、それほど高くはありません。一般的な不動産投資であれば、前述のように、20％を超えるような高い利回りもある中で、ＲＥＩＴの平均利回りは4％程度と、不動産投資としてはさほど高くはない、手堅い利回りとなっているのは、そんな理由からなのです。


また、ＲＥＩＴの分配金の元は、投資物件からの、適正な相場に基づいた家賃・テナント料等ですから、分配金の動向は、比較的安定しています。家賃・テナント料等がいきなり半額になったり、倍増したりすることなど、まずないですからね。

このように、REITの収益源は手堅く、そして安定していることから、安心して持ち続けることができるわけです。

これは、ほったらかし投資の観点から見ると、歓迎すべきことでしょう。

いつでも売ることができる

REITという投資商品は、いつでも自由に売買することができます。

なぜなら、REITにはマーケット（証券取引所）があるので、株式投資と同じ要領で、証券会社に注文を出して、**いつでも取引ができる**からです。

これが通常の不動産投資だと、戸建てにせよ、マンションにせよ、保有物件を売却するとなると、業者を通じて買い手を探して、交渉してと、手間と時間がかかります。しかもマンション一棟となれば、売却は数年がかりとなるかもしれません。

それがＲＥＩＴであれば、基本、売りたいと思ったときに、サクッと売ることができるのです。

なので、換金のしやすさという意味でも、ＲＥＩＴは不動産投資へのハードルをグッと下げてくれるのです。

もっとも、ほったらかし投資では基本、売ることはないのですが、それでも、いざというときに換金できるというのは、心強いですよね。

なので、ほったらかし投資の立場としても、不動産投資でありながら、「いつでも売買できる」ということは、ＲＥＩＴの大きなメリットと言えるでしょう。

値動きはある

ただ、いつでも売買できるということは、**値動きがある**ということです。

基本的には売らない「ほったらかし投資」とはいえ、そのスタンスがしっかりしていないと、保有銘柄が大幅に値上がりしたり、値下がりしたりすれば、どうしても気になってしまうもの。

そこは、あらかじめ「ほったらかし」としっかりと腹をくって、一喜一憂しないように心がけましょう。

REITの値動きは、個別株式と比べて、比較的穏やかとはされています。なぜなら、不動産という確実な資産があって、また、分散投資が効いているからです。しかし、それでも、リーマンショックやコロナショックのような事態が発生すれば、REITも無事では済みません。

たとえば、前述の「阪急阪神リート投資法人」の価格は、コロナ前の2019年秋頃は一口18万円にまで上昇していたのですが、2020年春のコロナショック時には、一瞬で半減となる9万円にまで下落しました。

ただ、家賃・テナント料等が元となるREITの分配金は、大暴落時にも、比較的安定しています。

すべての投資物件の家賃・テナント料等が、一気に0となることはないですからね。

そして、分配金の支払いは基本的に半年毎なので、分配金利回りの計算に使われる分配金額は、半年間は変わりません。

なので、ＲＥＩＴ価格が暴落すれば、必然的に、分配金利回りは大幅に上がります。

たとえば、一口10万円のＲＥＩＴの分配金が５０００円であれば、分配金利回りは５％（５０００円÷10万円）ですよね。もし、そのＲＥＩＴが一口５万円に暴落すれば、分配金利回りは10％（５０００円÷５万円）に跳ね上がるわけです。

実際、阪急阪神リート投資法人の分配金利回りも、コロナショックの暴落時には、一時、７％近くまで上昇しました。

すなわち、暴落時は、絶好の買い時となるわけです。

なので、狙っているＲＥＩＴがあれば、そんな暴落時（分配金利回り上昇時）にはすかさず買えるよう、ほったらかし投資においても、売り時のためではなく、買い時のために、ＲＥＩＴ相場はしっかりチェックしておきたいものですね。

REITをどう選ぶか？

2023年7月3日時点で、REITは約60本あります。

REITという商品が登場して約20年経ちますが、登場当初は数本程度と少なく、また、その投資対象はオフィスビル・住宅程度と限られていたので、それほど「選ぶ楽しさ」はありませんでした。

それが今では、オフィスビル・住居以外にも、商業ビル、ホテル、物流施設、老人福祉施設など、その投資対象は、実にバラエティ豊かです。また、その投資エリアも首都圏、関西圏、中部圏、その他地方など、様々な地域に投資可能となっています。

ちなみに、汐留ビルディング（ジャパンリアルエステイト投資法人）やヒルトン東京お台場（ジャパン・ホテル・リート投資法人）、ウエストパークタワー池袋（オリックス不動産投資法人）など、多くの人が知っているような有名物件も、実はREITの保有物件だったりもします。

そんな有名物件に投資する銘柄であれば、オーナー気分はますます盛り上がりそうですよね。

そして投資物件だけでなく、資産規模（物件数や取得価額）や運用方針、分配金利回りや最低投資額、さらには運営会社のスポンサーなど、銘柄ごとに特徴があって、ＲＥＩＴ選びの判断要素をひとつひとつ挙げればキリがありません。

いろいろ選べるのは嬉しいですが、逆に、選びきれないという悩みも出てくるわけです。

ただ、投資という視点から見れば、**どの銘柄を選んでも、その利回りにはさほど大きな差はなく、また、分配金額も比較的安定しています。**

そして、不動産という確実な資産があって、分散投資が効いているＲＥＩＴでは、その資産価値がゼロとなる可能性はほぼあり得ません。

なので、ＲＥＩＴ選びについては難しく考えず、単純に「好み」で選んでもよいでしょう。

すなわち、純粋に「オーナーになりたい物件」を保有している銘柄を、楽しんで選びたいところです。

たとえば、仕事でよく行くオフィスビル、買物でよく行く商業施設、お気に入りのホテルなど、自分に直接関係する物件であれば、日常的に、オーナー気分を大いに満喫できるので、満足度はかなり高いのではないでしょうか。

ＲＥＩＴに興味を持ったきっかけが、「大家さん、地主さんに憧れて」であれば、銘柄選びでこそ、その原点に戻ってみてはいかがでしょうか。

物件そのものにさほど興味がなければ、「分配金利回りが高い」「最低投資額が低い」といった投資データからの視点や、「スポンサーが有名企業」「資産規模が大きい」といった信用度で選べばよいでしょう。

おススメのＲＥＩＴ

それでは最後に、そんな種類豊富なＲＥＩＴの中から、お勧め銘柄を３本、挙げさせていただきます。

お勧めとは言っても、前述の通り、ＲＥＩＴは「好み」で選んでよいということで、私のお気に入りＲＥＩＴの紹介となりました。

結果、商業施設や温泉ホテルなど、レジャー的要素の強いＲＥＩＴとなってしまいましたが、それでも、分配金利回りはいずれもＲＥＩＴ平均の４％程度はあって、一口の価格（投資口価格）は20万円以下と、買いやすい水準のものを取り上げました（２０２３年7月3日時点）。

阪急阪神リート投資法人

・スポンサー	阪急阪神ホールディングスグループ
・利回り	３・９９％
・投資口価格	14万５４００円
・物件数	34棟
・物件取得額合計	１７３５億円
・主な投資対象	商業・ホテル施設

・主な投資エリア　関西圏
・投資比率上位物件　汐留イーストサイドビル、阪急西宮ガーデンズ、阪急電鉄本社ビル、グランフロント大阪、高槻城西ショッピングセンター

イオンリート投資法人

・スポンサー　イオングループ
・利回り　4・30％
・投資口価格　15万5700円
・物件数　48棟
・物件取得額合計　4691億円
・主な投資対象　大規模商業施設
・主な投資エリア　全国
・投資比率上位物件　イオンモールKYOTO、イオンレイクタウンmori、イオンモール福津、イオンモール倉敷、イオンモール高崎

大江戸温泉リート投資法人

・スポンサー　大江戸温泉物語グループ
・利回り　4・12%
・投資口価格　6万4300円
・物件数　11棟
・物件取得額合計　311億円
・主な投資対象　温泉・温泉施設（ホテル）
・主な投資エリア　全国
・投資比率上位物件　大江戸温泉物語レオマリゾート、鬼怒川観光ホテル、大江戸温泉物語伊勢志摩、大江戸温泉物語あたみ、伊東ホテルニュー岡部

他にも、都心オフィスビルをメイン物件とした資産規模1兆円超えの銘柄（日本ビルファンド投資法人）や、六本木ヒルズなど投資物件の9割が港区に集中する銘柄（森ヒルズリート投資法人）など、都心でバリバリ働いている人なら、かなり興味がそそられるのではない

でしょうか。

ただ、大阪在住の私はあまり親近感がわかず、都心の物件に投資するＲＥＩＴはあまり保有しておりませんが。

また、高級ホテルに興味がある人なら、「星のや沖縄」「星のや軽井沢」等に投資するホテル特化型ＲＥＩＴ「星野リゾート・リート投資法人」など、興味があるかもしれませんね。

ただし、その価格は60万円超と、ＲＥＩＴとしてはなかなか高額ですが。

もちろん私も興味がありますが、なかなか高額なので、同じホテル特化型ＲＥＩＴでも、6万円台で購入できる「大江戸温泉リート投資法人」で我慢しているわけです。

ＲＥＩＴは全部で約60本と、株式（約４０００銘柄）やファンド（約６０００本）に比べれば、はるかに少ないので、ひとつひとつ、じっくり見るだけの余裕はあるはずです。

ぜひ、皆さんにとっての「好み」の銘柄を、楽しんで探してみてください。

すべてのREITに投資することもできる

それでも、どうしても選びきれない、というか、すべての銘柄に興味ある、という人もいるでしょう。ただ、すべてのREITを購入しようと思えば、少額投資ができるREITとは言っても、その必要資金は軽く1000万円を超えてしまいます。

でも、安心してください。

すべてのREITにまとめて投資できる、うってつけの商品があるのです。

それは、複数のREITにまとめて投資する、「REITファンド」といわれるタイプの投資信託です。すなわち、このタイプの商品に投資することで、複数のREITにまとめて投資することができるのです。

そんなREITファンドにもいくつか種類がありますが、たとえば、以下の商品は信託報酬（100ページ参照）が低く、お勧めです。

eMAXIS Slim 国内リートインデックス

・インデックスタイプ
・ベンチマーク　東証リート指数
・信託報酬　0・187％
・純資産総額　136・83億円
・基準価額　9541円
・過去3年間の騰落率　23・96％

この商品の値動きは、東証リート指数に連動した値動きとなります。

東証リート指数とは、国内に上場するすべてのREITの値動きの平均のことです。すなわち、この商品に投資すれば、わずか1万円足らずの投資額で、結果的に、日本国内のすべてのREITに投資したのと同じ運用効果があるのです。

なお、インデックスタイプとは「ベンチマークに連動する運用成果を目標とするタイプ」

のことで、ベンチマークとは「運用の基準となる指数」のことですが、これらインデックス、ベンチマーク、そして信託報酬といった投資信託の用語の詳細については、本書の3章・投資信託の章をご覧ください。

5章 クラウドファンディング

リスク　2〜4
リターン　2〜10％

風力発電事業者に資金を貸し付けて、ほったらかしで利回り6・6%

私が投資をしているクラウドファンディングのひとつに、「風力発電ファンド」があります。これは、不特定多数の投資家の1人として、とある風力発電事業を営む企業に、資金を貸し付けるもので、利回りは6・6%。

投資申込さえすれば、あとは1年強の運用期間中、定期的に分配金を受け取りながら、「ほったらかし」にしているだけ。

気が向けば、定期的に配信される運用レポートで、その風力発電事業の進捗等をチェックするくらい。とは言っても、風力発電事業のことなど何も分からないので、分配金がきちんと支払われているか確認するくらいですが。

そんな任せっきりの状態ではありますが、ちょっと手広くやっている投資家に見られたいときなどは、「風力発電事業にも貸金を出しているんだよ」と言っております。

ネットを利用した「次世代投資」

クラウドファンディングとは、インターネットを通じて、不特定多数の投資家から資金を調達することです。

世間一般では、資金を調達する側から、「資金調達手段のひとつ」として語られることが多いです。

しかし、資金を出す側からすれば、ネットを通じて少額から、様々な案件に投資できる「**次世代投資**」として、知る人ぞ知る投資手法なのです。

そしてこれは、**ほったらかし投資としても、十分に活用できる投資手法でもあるのです**。

クラウドファンディングは1万円程度と少額から投資できるので、私は、冒頭の発電事業者の他にも、太陽光発電事業者やバイオマス発電事業者など、様々な企業に資金を貸し付ける案件にも投資をしています。

かなり多くの案件に投資していますが、いずれも投資額は数万円程度なので、金銭的に問題はありません。

そして、投資申込さえしてしまえば、あとは基本的に何もすることはないので、労力的にも、とくに問題はありません。

かなり手広くやっている投資家に見られたいときなどは、「再生エネルギー事業者を中心に、複数の企業に資金を出しているんだよ」と言って、見栄を張っています。

クラウドファンディングには3種類ある

このクラウドファンディングは大きく分けて、**寄附型**、**購入型**、**投資型**の3種類あります。

本章の本題に入る前に、まずは簡単に、クラウドファンディングの区分について説明します。

「いや、ほったらかし投資に関係あるところだけでいいよ」という人は、いきなり151ページに飛んでいただいてもかまいません。

ただ、クラウドファンディングについては、その区分の違いによる混乱や誤解も少なくないので、クラウドファンディングそのものについても興味・関心をお持ちなら、この3種類の違いについてはぜひとも理解いただくことをお勧めします。

まず**寄附型**ですが、これはその名の通り、クラウドファンディングの仕組みを使って寄附をするものです。

一般的な寄附との違いは、寄附をしたお金が、寄附先でどのように使われているかを確認できることです。

具体的には、メールやネットで寄付先から活動状況の報告があるので、寄附先とのつながりが持てるのも、大きな特徴と言えます。

非常に透明性が高く、寄附をする側としては、安心感や達成感が持てるというメリットがあります。

次に**購入型**ですが、これは「こんな映画を作りたい！」「こんな商品を開発したい！」といった、特定のプロジェクトに出資するものです。

かっこよく言えば、「共感した夢に、資金面で応援する」ものです。

クラウドファンディングの種類

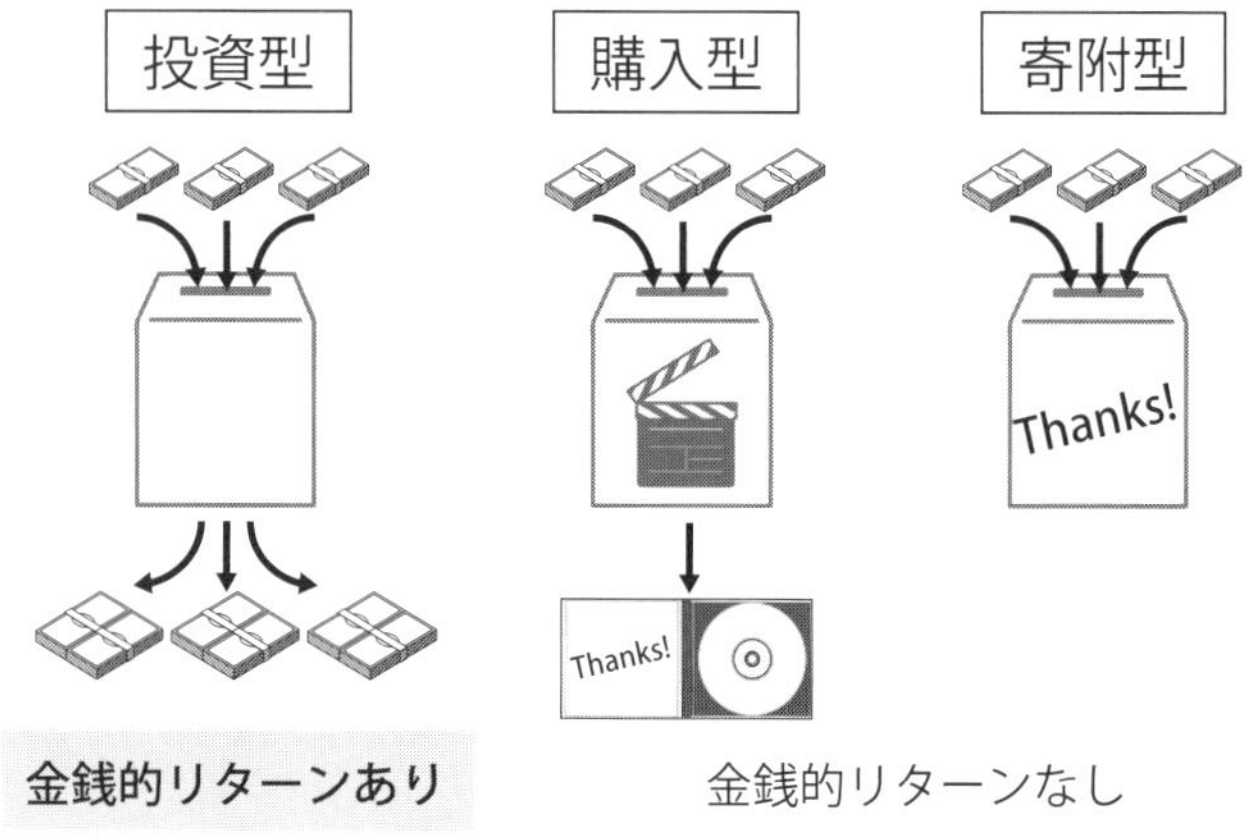

マスメディア等でクラウドファンディングとして取り上げられるのは、多くの場合、この購入型です。資金の出し手は、資金提供の見返りとして、お礼のメールや作品等への氏名クレジット、商品やサービス券など、そのプロジェクトに関連する特典が受け取れるのも、購入型の大きな特徴と言えます。

ただ、この**寄附型・購入型には、「金銭的リターン」はありません**。

ですので、投資がテーマである本書ではこれ以上は説明しませんが、その概要はお分かりいただけたかと思います。

投資型クラウドファンディングにも3種類ある

最後に**投資型**についてですが、資金提供に対して、金銭的リターンが得られるのは、この投資型となります。

ですので、本書で詳しく取り上げるのは、この投資型です。

実は、この投資型クラウドファンディングも、さらに3種類に区分けされます。

それが、ファンド型、株式型、貸付型です。

そして結論から言えば、本書で「ほったらかし投資」の候補として詳しく紹介するのは、この中の貸付型となります。

とはいえ、ファンド型、株式型についても知っておいて損はないので、軽く紹介しておきます。

ファンド型

まずファンド型ですが、これは「飲食店の運営」「商品の開発・販売」など、**特定の事業（プロジェクト）に出資**するものです。

一見、購入型と似ているようですが、こちらは金銭的なリターンが見込めます。

ただ、そのリターンは、事業の売上によって変動するので、**業績によっては大きなリターンを得ることもあれば、マイナスリターンとなることもあります**。

あと、事業に関連する特典（食事券や商品等）を受け取れる案件が多いのも、大きな特徴です。

そんな業績によってリターンが決まるアグレッシブなスタイルと、魅力的な特典に惹かれ、私はかつて、この「ファンド型」に出資したことがあります。

そのうちのひとつが、「六本木での、はまぐり屋の運営」プロジェクト。

2万円の出資で、特典はなんと1万円分の食事券。おかげさまで、一生涯食べることなどないと思っていた、本格的な桑名の焼き蛤を大いに堪能したことを覚えています。

ただ、店舗の売上は振るわず、戻ってきた金額は2万2000円程度と、元本割れしないギリギリのラインでした。

他にも、「極上スイーツの製造・販売」プロジェクトにも出資しましたが、これは大失敗。販売上の不手際があって、なんと販売自粛となってしまい、途中から売上はほぼ0円となってしまうのでした。当然、出資額1万円も、ほぼ0円という事態に。

出資特典として極上スイーツ（2000円相当）を受け取ったとはいえ、甘くはない投資となりました。

このように、ファンド型のリターンの変動は激しく、そして読みづらいもので、投資というよりも趣味の領域に近く、本書ではお勧めはしません。

株式型

そして株式型ですが、これは、**未公開（未上場）企業に出資**するものです。

いわゆる、未公開株への投資ですね。

通常、未公開株への投資は極めてハードルが高いのですが、この株式型の仕組みによって、誰でも手軽に、未公開株に投資できるのです。

ただ、投資資金を回収できるのは、その未公開企業が上場、もしくはM&A等をしたとき

投資型クラウドファンディングの種類

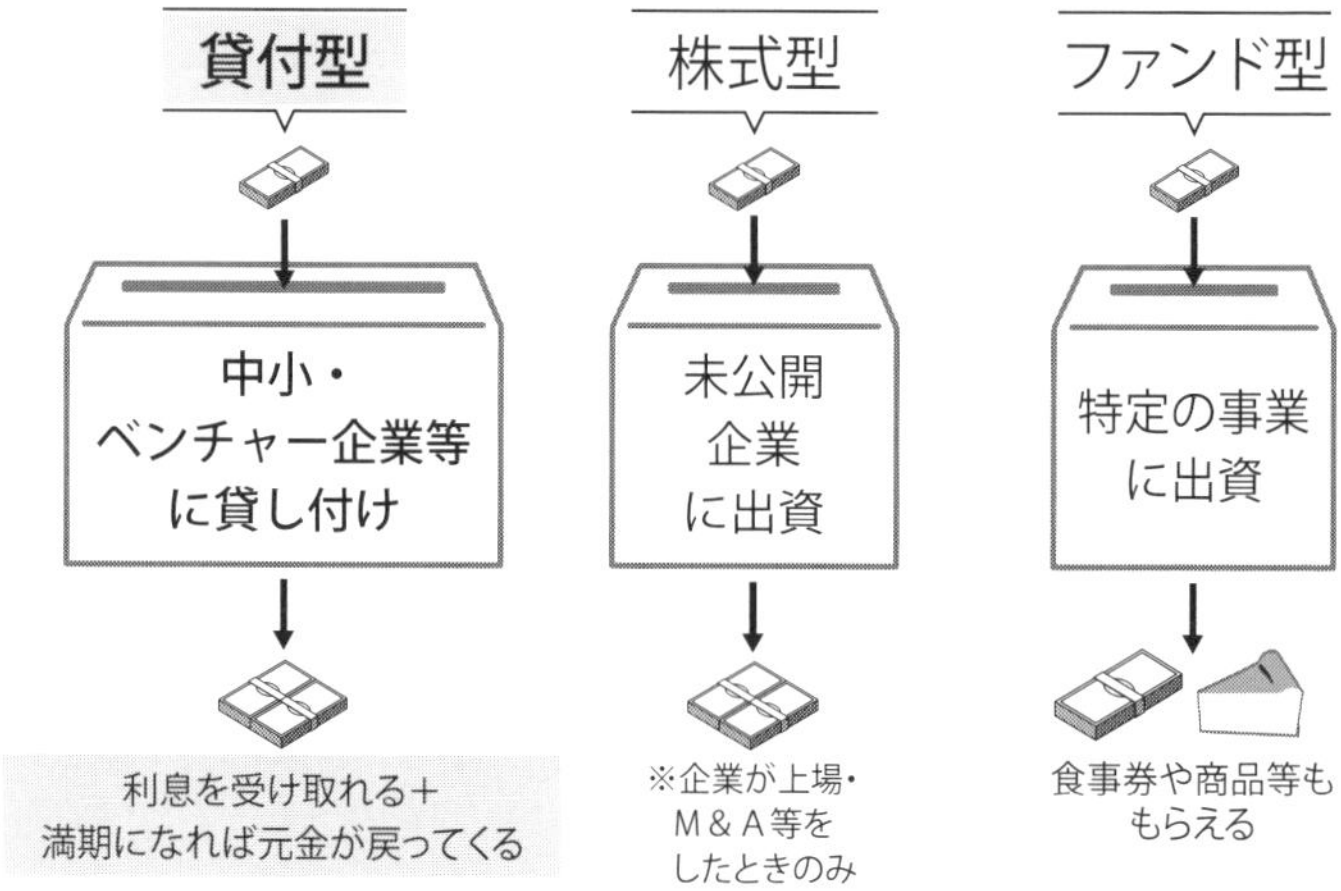

のみ。

その場合、大きなリターンが期待できますが、その可能性は極めて低く、また、それがいつになるかも分かりません。

投資資金は、**かなりの確率で戻ってこないことを覚悟しなければいけない**わけです。

なので、株式型については、投資というよりもパトロン稼業に近く、こちらも本書ではお勧めはしません。

そして、今のところ、私もそこまでほれ込んだ銘柄はなく、株式型には投資していません。

さて、本題に入る前の前置きが長々となってしまいましたが、もし、投資型クラウドファンディングに興味・関心を持たれたのなら、拙著『投資2・0〜投資型クラウドファンディング入門』をお読みいただければ幸いです。

投資型クラウドファンディング「貸付型」とは？

それでは、いよいよ本章の本題となる「投資型クラウドファンディング「貸付型」」を紹介していきます。

数あるクラウドファンディングのタイプの中で、このタイプこそが、ほったらかし投資の有力な候補となります。

投資型クラウドファンディング「貸付型」とは、クラウドファンディングの仕組みを利用して、**主に中小・ベンチャー企業等に資金を貸し付ける**ものです。

貸付先は、不動産事業者や太陽光発電等の再生エネルギー事業者などが多いですが、その種類は多種多様。

別名「投資型クラウドファンディング**融資型**」とも言い、さらには「ソーシャルレンディング」との名称でも知られています。

冒頭で紹介した、風力発電事業者への貸付案件も、このタイプとなります。

なので、貸付先からの利息が、そのクラウドファンディングの分配金の元となります。

そして、貸付先からの利息はあらかじめ契約で決められているので、その分配金の金額も決まっており、安定収益が見込めるわけです。

そして、満期までとくに何もする必要はなく、満期になれば元金が戻ってきます。

なので、満期まで持つしかないわけで、その間、何もすることはありませんし、何もできません。ほったらかし投資としては、これはメリットと捉えてもよいでしょう。

また、**途中で売買できない**ので、もちろん値動きはありませんし、値動きがないわけですから、一喜一憂しようがないのです。

ほったらかし投資初心者にピッタリ

値動きのある商品の場合、「ずっと持ち続ける、途中で売らない」と心に決めていても、そんなほったらかし投資のスタンスがしっかり身に付いていないと、大きな値動きがあった場合など、どうしても心は揺れてしまうものです。

私自身、ほったらかし投資を始めた頃は、「途中で売らない」と決めながらも、その値動きに、どうしても一喜一憂してしまうものでした。

とくに、値上がりしたときには「どこまで上がるのだろうか……ここが天井なら、今、売らないともったいない」と、耐え切れずに売ってしまったことも、しばしばありました。言い訳がましいようですが、これは「利益は確実に、確定したい」という人の心のクセでもあり、なかなか克服できないものなのです。

そして、売った後には、たいてい値上がりを続け、半永久的に後悔を続ける羽目になるのでした。

なので、途中で売買できず、値動きのない投資型クラウドファンディング「貸付型」は、ほったらかし投資初心者には、ちょうど良いかもしれません。

株や債券、ファンドやＦＸなど、ほとんどの投資商品には値動きはあるわけですから。

また、途中で売買できないということは、購入タイミングに悩む必要がないということです。**投資したい案件があれば、その募集のタイミングで申し込むしかない**のです。

また、最低投資額は１万円程度、そして投資期間は数ヵ月から３年程度と短めが多く、投資へのハードルはかなり低くなっています。

そんなことからも、やはり、ほったらかし投資初心者にお勧めと言えます。

なお、投資型クラウドファンディング「貸付型」に投資するには、その窓口は銀行や証券会社ではなく、クラウドファンディング業者（ソーシャルレンディング業者）となります。

そして、その業者選びこそ、投資型クラウドファンディング「貸付型」では非常に重要となるのです。

業者によって取扱案件は異なる

２０２３年7月時点で、投資型クラウドファンディング「貸付型」を扱っている業者は20～30社程度ありますが、業者によって、取り扱っている商品は異なります。

なぜなら、その貸付先は業者が選定しており、言い換えれば、業者が商品を作っているからです。

不動産事業者への貸付メインの業者もあれば、再生エネルギー事業者への貸付メインの業者もあり、海外案件への貸付メインの業者もあって、業者によって、その貸付先は多種多様。すなわち、業者によって、扱っている商品の種類も大きく異なるのです。

ちなみに株式等の場合、どこの証券会社でも、取引できる株式等は同じものです。

なぜなら、株式等は市場で取引されており、どの証券会社も、その役割は「注文を市場に取り次ぐ」だけですから。

なので、株式Aを買いたければ、B証券会社でも、C証券会社でも買えます。

しかし、クラウドファンディングAを買いたければ、基本的には、それはD業者でしか扱っていないのです。

クラウドファンディングは業者選びが9割？

投資型クラウドファンディング「貸付型」では、その貸付先が破綻すれば、大きな損失は避けられません。

破綻しないまでも、その貸付先の事業が想定通りに進まなかったり、業績が大幅に悪化したりすれば、分配金の支払いが遅れたり、予定していた分配金額が支払われないなど、不利益を被る可能性があります。

なので、その**貸付先を選定する、クラウドファンディング業者の責任は重大**です。

また、金利設定や担保設定（担保の有無・担保の評価等）といった貸付条件も、業者と貸付先との交渉で決められるので、ますます、業者の責任は重大なのです。

もちろん、貸付先や貸付条件の情報は公開されており、その最終的な判断をするのは我々投資家です。

しかし、正確な判断など、なかなか難しいのが現実です。

たとえば、冒頭で紹介した「風力発電事業者への貸付案件」。

もちろん私は、この商品に投資するにあたって、それなりに公開情報は確認しました。

その情報によると、「貸付資金は、事業者の風力発電事業の開発・運転資金に充てられ、開発が一定程度完了した段階で大手発電事業者に事業売却し、その売却資金で融資返済を行う予定」とのこと。

ふむふむ、なるほどと、素直に納得できる分かりやすい返済計画ですが、でも、そんなにうまくいくのか……と、単純で分かりやすい計画だけに、なんだか、若干のモヤモヤは残りはしました。

また、貸付先の財務諸表や担保の詳細、風力発電所設備の概要についても公開はされていますが、その内容の精査までは難しく、とくに発電量や定格出力データなど、風力発電の基礎知識ゼロの私にとってはチンプンカンプン。

ちょっとは勉強しろよという話かもしれませんが、風力発電事業への投資には興味はあっても、風力発電事業そのものには興味はなく、まったく頭に入ってきません。

そもそも、穿った見方をすれば、これらの情報がどの程度信用できるのかも、不透明なところです。


なので、これは貸付先を選定する、言い換えれば「目利きする」業者に頼らざるを得ませんし、信頼せざるを得ないわけです。

なお、貸付先に何かあったときには、資産保全のため、諸々のやり取りをするのも業者の役割です。

なので、クラウドファンディング投資は、その業者選びにかかっていると言っても過言ではありません。

そもそも、投資する商品ごとに、その貸付先や貸付条件をいちいち精査するのは現実的ではなく、業者の信用度や実績をリサーチした方が早いわけです。

投資型クラウドファンディング「貸付型」のおススメの業者3選

投資型クラウドファンディング「貸付型」が世に出始めた当初は、あやしい業者も多く、行政処分を受ける業者も珍しくはありませんでした。

なので、かつては、ちょっとグレーなイメージも強い商品ではありました。

また、かつての最大手のｍａｎｅｏの経営破綻、それに次ぐ大手のＳＢＩソーシャルレンディングの撤退という、大きな事件もありました。

ただ、今では、そんな混沌とした時代を経て、クラウドファンディング業界はしっかり法整備され、洗練されています。

それによって、不適切な業者はほぼ淘汰され、いわゆる「大手業者」であれば、まず問題はないでしょう。

それでは、個人的にお勧めの業者を3社、紹介しましょう。

もちろん私自身、いずれの業者でも投資をしており、安定収益を得ながら、安心して「ほったらかし」にしております。

オーナーズブック

不動産案件に特化した、老舗業者のひとつ。

すべての案件は不動産担保付きで、資産保全に優れながらも、平均4～5％程度と高い利回りを誇ります。

また、運営会社のロードスターキャピタルは上場企業で、これまでに延滞・元本割れ等はなく、信用度は相当高いと言えます。

ちなみに、私が最近投資した案件「港区商業ビル第1号第1回」の概要は以下の通りです。

・東京所在の総合不動産会社への貸付
・予定利回り　　4・6％
・予定運用期間　25ヵ月
・最低投資額　　1万円
・東京都港区芝に所在する商業ビル1棟が担保

案件は1ヵ月に1～2件程度が募集されますが、すぐに売り切れ（満額達成）になることが多いです。

募集開始から1分程度で完売となることも珍しくなく、まさにプラチナチケット状態。人気コンサートのチケットを購入するかの如く、募集開始と同時に、秒単位で争うくらいの気持ちが必要です。

最近では、抽選となる案件もありますが、もちろん、なかなか当選しないのが現状です。

なので、なかなか投資できないのが難点ですが、でもそれは、それだけ魅力的な案件を扱っているということですね。

クラウドバンク

こちらも老舗業者のひとつで、取扱商品は多種多様。

中小・ベンチャー企業や再生エネルギー事業者への貸付をメインに、海外案件や純金投資なども取り扱っていて、非常にバラエティに富んでいます。

融資回収率は100%と信用度は高く、平均利回りは約6%と十分な水準です。

ちなみに、私が最近投資した案件「風力発電ファンド」は、冒頭で紹介した「風力発電事業者への貸付案件」のことです。

そして、その概要は以下の通りです。

・東京所在の再生可能エネルギー発電事業会社への貸付
・予定利回り6・6%
・予定運用期間13ヵ月
・最低投資額1万円
・電力会社との契約上の地位に対する譲渡担保など

他の業者に比べ、取扱案件は多く、常に、数件は募集中であることが多いです。

ただ、人気案件は募集開始早々、売り切れとなってしまいます。

私が投資した「風力発電ファンド」も人気案件のひとつで、私は募集開始前からパソコン前でスタンバって、募集開始と同時に申込クリック、無事投資することができました。

おかげさまで、あとは年間6・6％の安定収益を得ながら、安心してほったらかしにしています。

ファンズ

貸付先を上場企業、もしくは上場企業に準ずる企業に特化した、ユニークな業者です。

なので、利回りは1～3％程度と、クラウドファンディング案件としては低いですが、安全性はかなり高いと言えるでしょう。

私が最近投資した案件の概要は、以下の通りです。

［リースバック「あんばい」ファンド］
・上場企業インテリックス（8940）への貸付
・予定利回り　2・0％
・予定運用期間12ヵ月
・最低投資額　1万円
・担保なし

募集は1ヵ月に数件程度ありますが、やはり人気案件は早々に売り切れとなることが多いです。

あと、SBIソーシャルレンディングを引き継いだ「バンカーズ」や、海外案件に特化した「クラウドクレジット」なども、大手業者と言えます。

前者は募集案件の数が多く、その貸付先も多種多様なので、投資選択の幅は広がるでしょう。

後者も募集案件の数が多く、中には利回り10％程度の案件もあって、よりアグレッシブな投資ができます。

投資においては、商品の分散も大切ですが、「業者頼りである」クラウドファンディング投資では、業者の分散も心がけたいものです。

なので、できることなら、複数の業者と取引することをお勧めします。

高利回りの理由は？

ところで、投資型クラウドファンディング「貸付型」の利回りですが、**おおむね2～10％程度、平均で4～5％**といったところです。

この超低金利の世の中で、なぜ、そんな高利回りが可能なのか、気になる人も多いかと思います。

というか、高利回りがゆえに、「あやしい」と感じている人も多いのではないでしょうか。

高利回りの理由はズバリ、**貸付先の負担する金利が高い**からです。

クラウドファンディングの利回りが5％なら、おそらく6～7％程度の金利を、その貸付先は負担していると思われます。

なお、その差額は、業者の利益や諸費用となります。

では、この超低金利の世の中で、銀行でもかなり低い金利で借りられるのに、なぜ、わざわざクラウドファンディングを利用してまで、高い金利で借りるのでしょうか。

クラウドファンディングの高利回りが「あやしい」と感じている人は、まさに、この部分に理由があるのではないでしょうか。

もちろん、クラウドファンディングを利用して、高い金利でお金を借りるには理由があります。企業によってその理由は様々ですが、一般には、以下の通り。

・銀行からの借入だと、金利以外にも「借入金額」「借入期間」等の条件があり、それが要望と合わないため

・再生エネルギー事業や遊興関連事業、また、前例がないような革新的な事業など、事業内容によっては、どんなに素晴らしい企業でも、銀行では門前払いとなってしまうため
・創業間もなく、実績がない場合には、担保がないと、銀行から借りるのは難しいため
・銀行以外にも借入先を分散させて、資金調達面でのリスク分散のため

このような理由で、業績好調、財務良好、担保・返済能力の高い優良企業が、高い金利を負担してでも、クラウドファンディングで資金を調達したいという、一定の需要があるわけです。

そんな優良企業の資金需要を発掘するのが、クラウドファンディング業者の腕の見せどころなのです。

さて、クラウドファンディングの高い利回りに疑問を抱いていた方は、納得いただけたでしょうか？

納得できれば投資すればいいですし、納得できなければ、無理には勧めません。ほったら

かし投資の候補は、他にもいろいろあるわけですから。

ただ、投資型クラウドファンディング「貸付型」は、ほったらかし投資の有力候補のひとつであることには間違いありません。

なので、「高利回りがあやしい」と、食わず嫌いにならないよう、その高い利回りの秘密を説明させていただきました。

新たなジャンル、不動産投資型

最近では、投資型クラウドファンディングには、本書で説明した「ファンド型」「株式型」「貸付型」以外にも、「**不動産投資型**」タイプも登場し、そして注目されています。

このタイプも、ほったらかし投資として十分活用できるものなので、最後に少し触れておきます。


不動産投資型とは、クラウドファンディングの仕組みで集めた資金を、直接、不動産に投資するタイプです。すなわち、不特定多数から集めた資金で不動産を購入して、そこからの家賃・テナント料、売却益等を、分配金として分け合うものです。

いわゆる**「不動産の一口オーナー」**で、面倒な物件管理・運営業務等は、すべて業者にお任せです。

そして投資さえすれば、あとは不動産からの安定収益（4～6％程度が多い）を得ながら、満期まで持ち続けるだけなのです。


仕組みとしてはＲＥＩＴ（4章参照）と似ていますが、ＲＥＩＴと違うところは、途中で売買できないこと。

つまり、満期まで保有するしかないわけですが、「ほったらかし投資」であれば、それはプラス材料として捉えてもいいですね。


そして、この不動産投資型も、その業者選びが重要であることには変わりません。

なぜなら、物件管理・運営だけでなく、物件の選定そのものから、担保設定時の評価など、すべて業者が行うわけですから。

現時点では、「クリアル」や「大家どっとこむ」などが実績もあり、信用度も高い業者と言えます。

不動産投資に興味のある人は、この投資型クラウドファンディング「不動産投資型」も、ひとつの選択肢として候補に入れてもよいのではないでしょうか。

6章　FX

リスク　3〜5
リターン　3〜10%

ＦＸは超ハイリスク・ハイリターン

ＦＸ（外国為替証拠金取引）とは、**差し入れた証拠金をもとに、外貨を取引**するものです。

証拠金とは、ＦＸの取引口座に預け入れる現金のことです。

この証拠金は言わば「見せ金」で、実際には、この証拠金を担保にして、最大で証拠金額の25倍もの外貨を取引することができます。

仮に、５万円程度の証拠金を預け入れれば、最大で約１万米ドル（約１３０万円相当）もの取引ができてしまうのです。


たとえば、証拠金５万円で、１万米ドルを取引したとしましょう。

この場合、１円円安となれば、１万円の利益です。

なぜなら、証拠金は５万円でも、実際の取引額は１万米ドルなのですから（１円×１万米ドル）。

※本書では、１米ドル＝１３０円とする。
※ＦＸの取引には「外貨の買い」と「外貨の売り」があるが、本書では「外貨の買い」とする。

米ドル/円のある1日のチャート

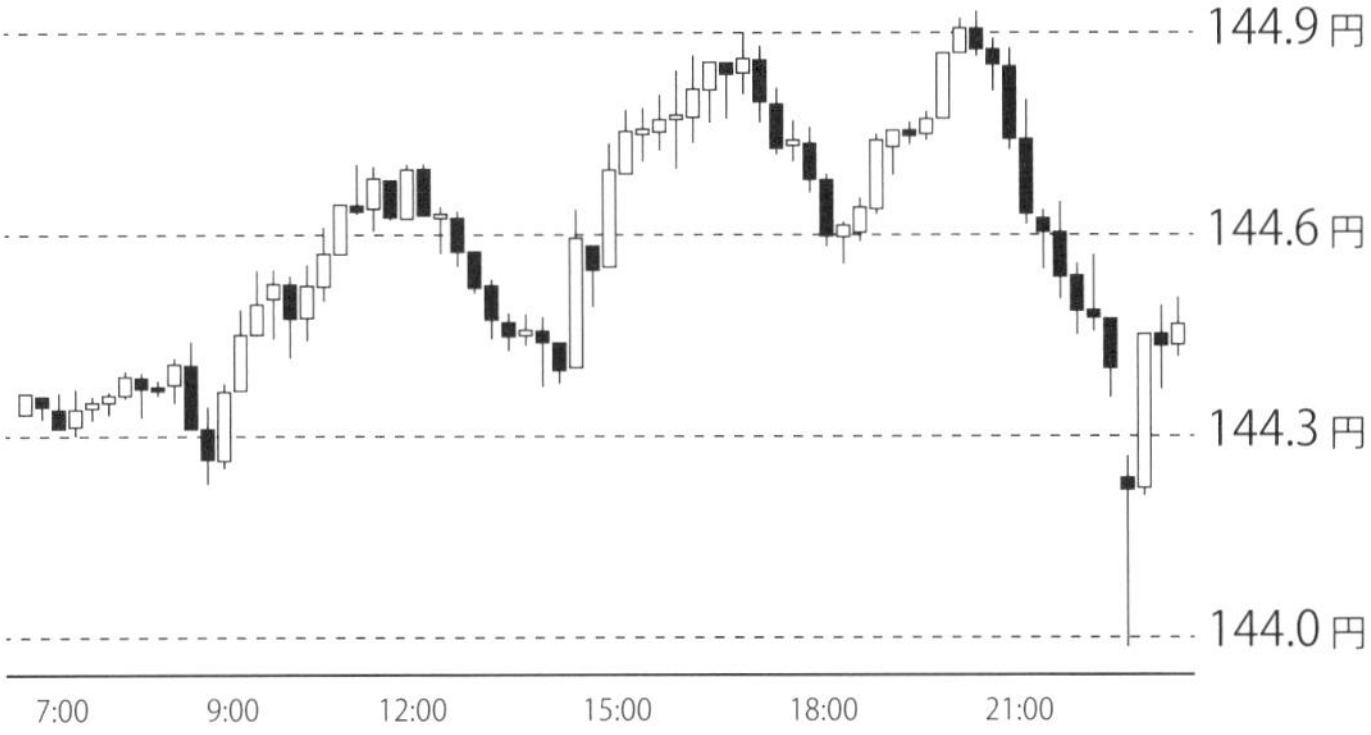

（2023年7月3日・Yahoo！ファイナンス チャート）

為替相場は、１日で１～２円程度動くことは珍しくなく、一気に４～５円程動くこともあります。

ですので、５万円の証拠金が一気に倍になることもあれば、下手すれば、一気に吹き飛んでしまうこともあるのです。

すなわち、大幅に円安に振れれば、ＦＸではすさまじいリターンが期待できる反面、大幅に円高に振れれば、すさまじい損失となる可能性があるのです。

なので、ＦＸでは、常に為替の動きをチェックして、状況に応じて機敏に対応しなければいけません。

とてもではないですが、「ほったらかし」になどできません、むしろ、**ほったらかし投資とは相反するもの**だとも言えるでしょう。

ではなぜ、そんなＦＸを、ほったらかし投資がテーマである本書で紹介しているのでしょうか？

スワップ金利狙いのＦＸ

ほったらかし投資としてＦＸを紹介する理由は、その「**金利**」にあります。

たとえば、ＦＸで米ドルを取引する場合、それは「円を売って、米ドルを買う」ことになります。

「円の金利を支払い、米ドルの金利を受け取る」ことをイメージしてください。

米ドルの金利は、円の金利よりもはるかに高いですよね。

なのでこの場合、ＦＸでは「米ドル金利－円金利」、すなわち日米の金利差分だけ、金利を受け取ることができるのです。ＦＸでは、これを「**スワップ金利**」や「スワップポイント」といい（本書では「スワップ金利」と表記）、外貨預金で言えば、金利にあたるものです。

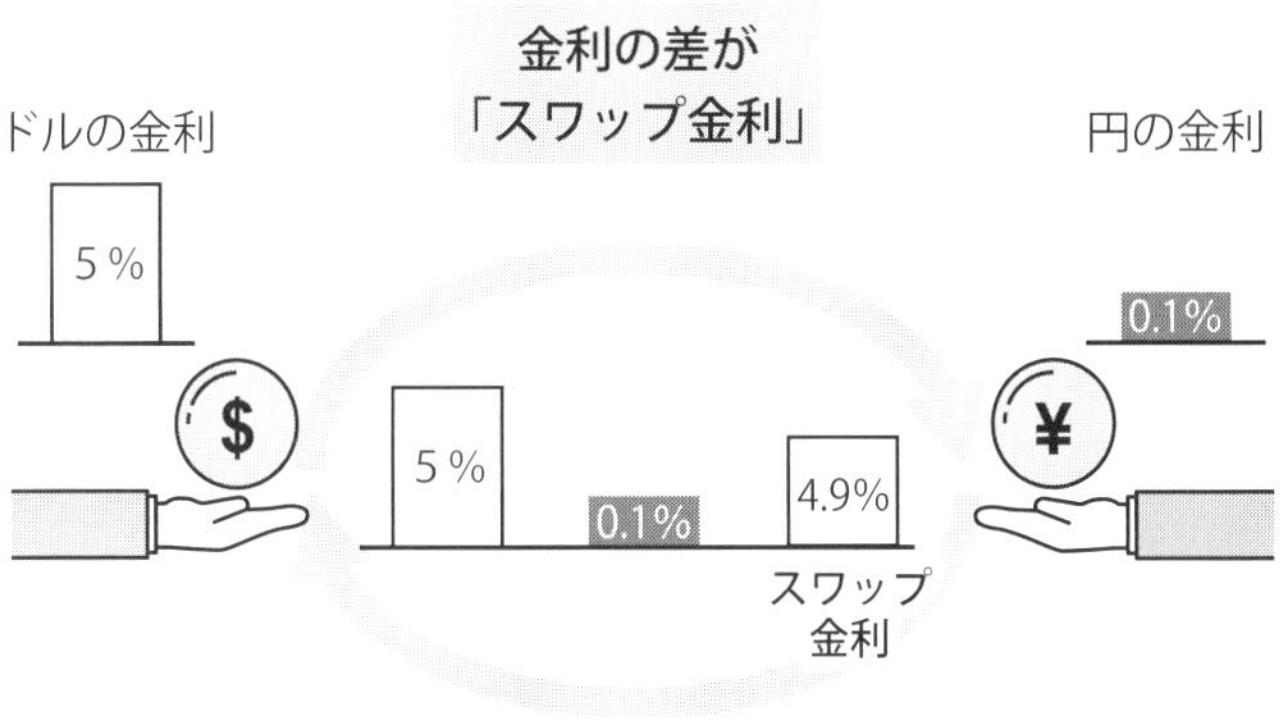

そして、このスワップ金利は、証拠金額に対してではなく、**取引金額に対して発生する**のです。

仮に証拠金5万円で、1万米ドルを取引していたとしましょう。

この場合、スワップ金利の元手は5万円ではなく、1万米ドルとなるので、かなりの金額となります。

FX業者や時期によっても変わりますが、2023年7月時点であれば、1日150円程度ものスワップ金利を受け取ることができるのです。年間にすると、約5万円（150円×365日）ですね。

そしてこれは、証拠金5万円に対しては、なんと、その利回りは100％となります。

信じられないかもしれませんが、これが「証拠金取引」

であるＦＸの破壊力なのです。

そんな圧倒的な高利回りを目当てに、為替相場の動きは気にせずに、ただひたすら、このスワップ金利をじっくり受け取ろうというスタンスで、ＦＸを取引する人も多いのです。

そして、そんな**スワップ金利狙いのＦＸ**は、ほったらかし投資との相性抜群なのです。

でも、「ＦＸでは、円高になれば大きな損失が出て、すぐに証拠金が吹き飛んでしまって運用終了となってしまうのでは？」と、金利狙いではあっても、「安心して「ほったらかし」になどできないのでは」と思われるかもしれませんね。

ほったらかし投資に最適「レバレッジ1倍法」！

さて、ここからが本題です。

たしかに、証拠金が少ないと、ちょっとした円高で、すぐに証拠金が吹き飛んで、運用終了となってしまいます。

証拠金5万円程度では、下手すれば、1日で吹き飛びかねませんよね。

そこで、証拠金を多めに入れて、多少円高が進んでも、**そう簡単には証拠金が吹き飛ばないようにしておく**のです。

では、証拠金はどれくらい入れておけばよいのか……。

ほったらかし投資では、証拠金は、取引金額と同額にすることをお勧めします。

仮に1万米ドルの取引をするのであれば、130万円の証拠金額を差し入れるのです。

これなら、どれだけ円高が進んでも、米ドルの価値がほぼ0円とならない限り、証拠金が吹き飛ぶことはありませんよね。

世間一般ではこれを、**レバレッジ1倍法**とも言います。

レバレッジとは、「取引額÷証拠金額」のことで、証拠金の何倍の取引をしているのかということです。

ＦＸでは、レバレッジは最高25倍まで可能なのですが、それをあえて1倍に抑えるわけです。

ちなみに、前述の圧倒的な利回り（１００％）は、証拠金を極めて少額にしたことによるものです。

すなわち、レバレッジを高めに設定したからこそ実現できた利回りです。

レバレッジ1倍だと、米ドルの場合、その利回りは４～５％となってしまいますが、それでも、決して悪い数字ではないですよね。


ほったらかし投資で大切なのは、**ずっと安心して、ほったらかしにできること**。

円高が進んだときに、いつ証拠金が吹き飛んで、運用終了となってしまうのではないかと、ドキドキすることは絶対に避けたいことです。

それが、このレバレッジ1倍法であれば、どれだけ円高が進んでも、証拠金が吹き飛ぶことはなく、ほぼ永遠に外貨を持ち続けることができるので、ずっと安心して、スワップ金利を受け取り続けることができるわけです。

ＦＸの武器は3つある

ＦＸには、他の外貨投資にはない、３つの大きな武器があります。

それは、「**資金効率の良さ**」「**為替手数料の安さ**」「**金利の高さ**」です。

しかし残念ながら、レバレッジ1倍法では、そのうち「資金効率の良さ」は失われてしまいます。

この「資金効率の良さ」とは、少ない元手で大きな資金を取引できることです。

たとえば、冒頭でも挙げたように、ＦＸでは、わずか5万円程度の証拠金で、1万米ドルもの取引ができるわけです。

それが、「証拠金額と取引金額を同額とする」レバレッジ1倍法では、その強みはなくなってしまうのです。

ただ、このレバレッジ1倍法によって、ＦＸの「資金効率の良さ」という武器が失われたとしても、「**為替手数料の安さ**」と「**金利の高さ**」**という武器は失われることはありません。**

この2つの武器だけでも、他の外貨投資に比べ、FXは大いに有利なのです。

極めて安い為替手数料

通常、外貨建て商品に投資する際には、為替手数料がかかります。

為替手数料とは、いわゆる「両替手数料」のことです。

円を外貨に、外貨を円に交換するときに、金融機関等の業者が受け取る手数料のことで、業者の儲けとなります。たとえば、銀行が窓口でやたらと外貨預金を勧めてくるとすれば、それは、この為替手数料が目的である可能性が高いわけです。

この為替手数料の水準は、取引する通貨の種類や量、そして金融機関等によって異なりますが、米ドル建て外貨預金であれば、1米ドルあたり10銭〜1円が一般的です。すなわち、1万米ドルの取引だと、1万円程度かかることもあるわけで、これは決して無視できるコストではありません。

これがＦＸの場合、１銭を切ることも珍しくなく、外貨預金含め、他の外貨建て商品に比べて、圧倒的に低い水準となっているのです。

※ＦＸでは、正確には買値と売値との差（スプレッド）が実質的な為替手数料とされている。

高水準の金利

ＦＸのスワップ金利の水準は、同じ通貨であれば、一般に、外貨預金と比べて高水準です。それがレバレッジ１倍法であっても、基本的には、外貨預金に比べて高い金利を得ることができるのです。

しかも、ＦＸのスワップ金利は基本、毎日受け取ることができます。

前に「１日１５０円程度のスワップ金利」と書いたのは、そういうことなのです。

ちなみに私は、１万米ドルを保有しており、実際、１日１５０円程度のスワップ金利を受け取っています。

日々、スワップ金利分が増えていく口座残高を見ると、それはさも、チャリンチャリンとお金が入ってくるようなイメージで、思わずホクホクしてしまいます。

世間一般では超ハイリスク、ときにはギャンブルとも言われるFXではありますが、レバレッジ1倍法で、一生涯保有するつもりで、腹をくくって投資をするのであれば、十分、ほったらかし投資に値するものと言えるでしょう。

少なくとも、外貨投資においては、身近な外貨預金よりも、はるかにお得な投資法なのです。

どの通貨がいいの？

では、FXで外貨を取引するのなら、どの通貨が良いのでしょうか？

ほったらかし投資は「スワップ金利狙い」なので、スワップ金利がしっかりつく通貨が候補となります。

ＦＸで人気のある通貨ペア

米ドル／円	米ドル／ユーロ
ユーロ／円	米ドル／カナダドル
英ポンド／円	米ドル／スイスフラン
豪ドル／円	ユーロ／英ポンド
カナダドル／円	ユーロ／豪ドル
スイスフラン／円	ユーロ／人民元

前述のとおり、スワップ金利は「外貨金利－円金利」なので、円よりも金利の高い通貨が候補となるわけですね。

もっとも、世界各国の中でも群を抜いて超低金利の円ですから、ほぼすべての通貨が候補となるわけですが。

もちろん、金利が高ければ高いほど、その魅力度は増します。

それに加えて、将来的に価値が上がっていくであろう通貨であれば、さらにいいわけですが、それは世界各国の経済情勢やパワーバランスに大きく左右されることから、正確な見極めは難しいです。

とはいえ、候補を挙げるとすれば、まずは**米ドル**でしょう。

世界の基軸通貨で圧倒的な取引量を誇り、為替相場は比較的安定しており、金利も高い水準にあります。

とくに、初めて外貨投資をするのであれば、まずは米ドルをお勧めします。

もちろん、将来的に米ドル（ひいてはアメリカ）がどうなるか誰にも分かりませんが、少なくとも現時点においては、もっとも安定して、将来性が見込める通貨と言えるでしょう。

ユーロも米ドルに準ずるメジャー通貨で、為替相場も安定し、将来性も十分と言えます。米ドルに比べ、金利水準は若干劣るものの、ヨーロッパに興味関心があったり、将来的に金利水準が上昇してくるようなら、有力候補として挙げてよいでしょう。

豪ドルやNZドルは、昔から人気のある通貨で、これらも候補となり得る通貨です。米ドルやユーロに比べて取引量は少ないですが、政治・経済は安定しており、金利水準も比較的高めとなっています。

たとえば豪ドルであれば、1万豪ドル（90万円相当）保有していれば、スワップ金利は100円程度（年間3・6万円程度）受け取れます。

これはレバレッジ1倍法でも、利回りは約4％と、悪くはない水準ですね。

高金利通貨はどうなの？

さて、意見が分かれるのが、ランド（南アフリカ通貨）やリラ（トルコ通貨）、ペソ（メキシコ通貨）といった、いわゆる高金利通貨です。

たとえば、1万ランド（7・5万円相当）保有していれば、スワップ金利は1日15円程度（年間5500円程度）となります。

これはレバレッジ1倍法でも、利回りは7％超と相当な高水準となります。

リラは、さらに高金利です。

1万リラ（6万円相当）保有していれば、スワップ金利は1日25円程度（年間9000円程度）と、レバレッジ1倍法でも、なんと15％程度の利回りとなるのです。そしてペソの利回りも、レバレッジ1倍法でもやはり10％程度の高水準となっています。

その名の通り、とにかく圧倒的な金利水準を誇るのが、高金利通貨。

主な高金利通貨

国	通貨	政策金利
南アフリカ	ランド	8.25%
トルコ	リラ	15.00%
メキシコ	ペソ	11.25%
ニュージーランド	NZドル	5.50%
ポーランド	ズロチ	6.75%

（2023年7月3日）

そんな高金利通貨のファンは、決して少なくありません。そして私も、その一人です。

ただ、高金利通貨である国の経済・政治情勢は不安定であり、また、地政学リスクも少なくありません。

さらに言えば、これらの国の物価上昇率は高く、理論上、物価が上昇していくということは、長期的に見れば、通貨の価値は下落していくこととなります。

たとえば２０１３年から２０２３年までの10年間で、ランドは10円から7・5円に、リラは50円から6円にと、いずれも通貨価値は大きく下がっています。とくにリラの下落率がえげつないですよね。ペソは8円から若干上昇してはいますが、一時的には4円強と半減しており、ブレ幅が大きいのも、高金利通貨の特徴と言えます。

すなわち、高金利通貨には大きなリスクがあるわけですが、それでもやはり、圧倒的な高金利の魅力には抗いがたいわけです。

実際、私はかつて、金利の高さに目を奪われ、リスク管理はさほど考えずに、FXで高金利通貨に手を出して痛い思いをしたことがあります。

ランドの取引で200万円もの損失が…

あれはサブプライムローン問題、そしてリーマンショック前の2007年頃のこと。

1ランド＝16円程度のときに、私はFXで、70万ランド（約1120万円相当）もの取引をしました。

当時、ファイナンシャル・プランナーとして独立間もない頃で、血気盛んだったこともありますが、ランドの驚異的な金利に目がくらんでのことでした。
当時、ランドの金利は、今よりもさらに高かったのです。

はじめは恐る恐るの取引でしたが、買い増すほどに増えていくスワップ金利に興奮し、気が付けば、取引額は日本円にして1000万円をゆうに超えていたわけです。
当時の私の資産状態からすれば、これは明らかにリスクを取り過ぎている危険な状態でした。

ちなみに、差し入れていた証拠金は200万円程度で、これくらいあれば大丈夫だろうと、多少の円高になっても耐えられるだろうと、今思えば、FXのリスク、高金利通貨のリスクを完全に舐めておりました。
そして、1日で2000円以上入ってくるスワップ金利に味を占め、「この調子で、もっと買い増していけば、FXで食っていけるな」と、すっかり不労所得生活の妄想にかられていたのでした。

しかしその後、ランドは急落し、証拠金200万円は一気に吹き飛んだのでした。

当然、不労所得生活の可能性と妄想も、一気に吹き飛びました。

大損失を経て、レバレッジ1倍法に至る

この大損失に意気消沈し、高金利通貨はもうコリゴリ、さらにはＦＸもコリゴリと、しばらくの間、ＦＸからは遠ざかってしまいました。

しかし、よく考えてみれば、その大損失は、ＦＸが悪いのではなく、私がＦＸを使いこなしきれずに自滅しただけの話。

ＦＸから離れてみて、あらためて、ＦＸの魅力が輝いて見えてきたのでした。

また、日本の先行きを考えると、全資産を円建てで持つという不安も少なからずあったわけで、そう考えると、やはりＦＸの魅力は捨てきれないのでした。

なので、ＦＸから離れている間も、ＦＸや外貨投資についての研究は怠ってはおりませんでした。

そして、私自身の、投資に対する姿勢に対しても、じっくりと向き合いました。

為替相場の先行きを見通せる分析力・判断力・決断力があれば、レバレッジを高めに設定して、短期で大きな収益を狙うのもアリでしょうが、じっくりと自身と向き合ってみた結果、残念ながら、それは私には向いていないことが分かりました。

私の場合、スワップ金利狙いでじっくり取引するのが性に合っていると、あらためて確信したのでした。

そんなことをいろいろと考え、また、ファイナンシャル・プランナーとしての知識や経験もますます積み重ねていく中で至ったのが、前述のレバレッジ1倍法だったのです。

ＦＸでグローバルに分散投資

そんな過程を経て、再びランドやリラ、ペソといった高金利通貨も、ＦＸレバレッジ1倍法で、じっくり取引しています。

もちろん、国家破綻（通貨価値ゼロ）も覚悟のうえで。

超ハイリスクな高金利通貨ですから、それくらい腹をくくって、「ほったらかし」にしております。そして、日々の値動きには一喜一憂せず、日々のスワップ金利を楽しみに、ずっと持ち続けるつもりです。

ちなみに、かつては高金利に目を奪われ、高金利通貨の割合が圧倒的に多かったのですが、ランドでの大損失の反省もあり、今では、米ドル、ユーロ、豪ドル、ＮＺドル、ランド、ペソ、リラなど、めぼしい通貨はほぼすべて、まんべんなく保有しております。

数千銘柄とある株式やファンドに比べれば、通貨の種類は極めて少なく、そして、ＦＸで取引できる通貨に限ってはさらに少なく、２０２３年７月時点で、せいぜい10～20通貨程度です。

銘柄を選びやすいという意味では、実は、ＦＸはとっつきやすい投資法なのです。

なので、これぞ、という通貨がなければ、とりあえずは興味のある通貨に、まんべんなく投資をすればよいでしょう。後述しますが、FXでは少額投資が可能なので、**多くの通貨に幅広く分散することもできる**わけです。

私も、とくに思い入れのある通貨はないので、そのようなスタンスで投資をしています。

そして結果、グローバルな分散投資ができているとの満足感にも浸っております。

とくに高金利通貨については、かなりの底値圏で買えたおかげもあって、しっかり利益が出ている状態です。

そして、スワップ金利も日々、着実に積み重ねています。

私がFXレバレッジ1倍法で受け取っているスワップ金利は、1日1000円程度。

かつて夢を抱いた「FXでの不労所得生活」にはまだまだ程遠いですが、毎日、1000円札がパサッ、パサッ、と入ってきていることを思うと、十分満足しています。

投資タイミングはどうやって決める？

ところで、FXレバレッジ1倍法の投資タイミングですが、もちろん、安いタイミングで投資したいもの。

投資する通貨が米ドルであれば、それは「円高ドル安」の状態ですね。

ほったらかし投資では、一度買ってしまえば、ずっと持ち続けるわけですから、焦らずに、できる限り、その通貨の安いタイミングで買いたいものです。

なので、**十分に納得できる、安い価格で「指値」注文を入れておく**とよいでしょう。

その価格で買うのは、ちょっと無理だろう……というくらいの、思い切ったくらいに安い価格での注文が理想です。買えなければ買えないで、無理に取引をする必要はないのですから。

でも、それだけ徹底的に安い価格での注文であっても、意外と買えるものです。

なぜなら、FXの注文有効期限は「無期限」がほとんどだからです。

株やファンドの注文有効期限は、長くてもせいぜい1ヵ月程度ですから、この注文有効期限の長さも、実はFXの隠れた武器なのです。

注文していたことをすっかり忘れた頃に、約定通知がきてビックリすることも珍しくありません。

もし、どうしてもすぐに投資したいのであれば、小分けにして、小刻みに注文することをお勧めします。

米ドルの注文であれば、たとえば125円、120円、115円、110円……といった具合に、米ドル安の進行を見通して注文を入れておくのです。

一度に多額の資金を投資して、そこから米ドル安が進むと悔しいですから。

言わば、これは「完全自動ナンピン買い」ですね。

なお、ナンピン買いとは、値下がりにつれて買い増していき、平均購入単価を下げる投資法のことです。

FXの取引単位は1000通貨単位、100通貨単位と小ロットなので、そんな小分けの注文も可能なのです。

たとえば米ドルなら、レバレッジ1倍法で必要な証拠金は、100通貨単位であれば1万3000円です。

それくらい少額であれば、かなり小刻みに注文できますよね。

中には、もっと小ロットでも可能な業者もあるので、業者や取引通貨によっては数千円単位での注文も十分可能となり、さらに小刻みな注文もできるのです。

少々面倒かもしれませんが、一度注文してしまえば、ＦＸの注文有効期限は無期限ですから、あとはほったらかしで、じっくり約定するのを待つだけです。

外貨に限らず、株やファンドなど、値動きのあるものへの投資タイミングは難しいものです。

しかし、**ＦＸでは「注文有効期限は無期限」『小ロットでの注文」が可能**なので、それらの強みを活かして、十分に納得できる価格での取引を心がけましょう。

レバレッジ1倍法に売り時はあるのか？

さて、永遠に持ち続けるほったらかし投資のＦＸレバレッジ1倍法ではありますが、保有する通貨の金利が下がってきて、スワップ金利の魅力がなくなれば、それは「買ったときの理由がなくなった」として、売り時となります。

レバレッジ1倍法であっても、状況によっては、売り時も考えなければいけません。

とはいえ、金利が突然、何%も上がったり下がったりすることは通常ありません。なので、必要以上に神経を尖らせ、それほどこまめに金利をチェックする必要はありませんが、**保有している通貨の国の金融政策や、金利変動に直接関係するような大きなニュースには要注意**です。

ほったらかし投資とはいえ、そんな海外情勢の大きな変化には、常にアンテナは張っておきたいものですね。

ＦＸ業者はどこがいい？

それでは最後に、ＦＸ業者について書いておきます。

ＦＸを取引するには、登録を受けた業者に口座を開設する必要があるのですが、業者によって、取扱通貨や為替手数料、スワップ金利の水準が違います。とくにスワップ金利の差は、ほったらかし投資のスタンス（長期投資）では大きな差となるので、そこはしっかり確認したいところです。

また、業者の経営破綻等にも、十分に気を付ける必要があることは、言うまでもありません。

かつて、ＦＸ黎明期には、財務基盤や管理体制の脆弱な業者も多く、また、法整備等も不十分なことから、怪しい業者も蠢いており、経営破綻だけでなく、ＦＸ詐欺なども少なくありませんでした。

しかし、ＦＸもすっかり市民権を得て、法体制もしっかり整えられた現在では、不適切な業者はほぼ淘汰され、大手業者であればさほど心配はないでしょう。そして、ある程度名の通った大手業者であれば、取扱通貨、為替手数料、スワップ金利水準、いずれも十分満足いく業者がほとんどです。

なので、ほったらかし投資としては、基本的には、とくに自身が取引したい通貨のスワップ金利の水準が高い大手業者を選べば、ほぼ問題はないでしょう。

あとは、画面の見やすさ、操作のしやすさなどの使い勝手といったところでしょうか。

参考までに、私が主に利用しているFX業者を3社ご紹介します。

外為ドットコム

スワップ金利の高さ、とくに高金利通貨のスワップ金利が魅力的で、私はメインで使っています。

スワップ金利以外にも、取扱通貨、為替手数料、情報量、操作性など総合的に優れていて、バランスの良い業者と言えます。

個人的には、画面の見やすさや操作のしやすさといった使い勝手が非常に良いです。

セントラル短資FX

100年以上の歴史あるセントラル短資グループの一員として、実績と信頼を誇る老舗FX業者です。

ほったらかし投資では、何よりも業者の信頼性が大切なので、その意味では、有力候補となる業者のひとつ。
ちなみに、私が初めてＦＸを取引した業者でもあります。

マネックス証券ＦＸ（ＦＸ ＰＬＵＳ）
大手ネット証券の一角、マネックス証券が扱うＦＸ。
今や、多くのネット証券でもＦＸを取り扱っており、他の大手専業ＦＸ業者とも引けを取らない内容です。
他にもＳＢＩ証券（ＳＢＩ－ＦＸトレード）や楽天証券（楽天ＦＸ）、松井証券（ＭＡＴＳＵＩ－ＦＸ）などもお勧めで、普段から利用しているネット証券があれば、そこでＦＸ口座を開設するのもいいでしょう。

いずれも破綻リスク等は極めて低いとは思われますが、万一のことを考え、できれば複数の業者で取引することをお勧めします。

7章 債券

リスク 1〜2
リターン 1〜3%

安全性が高く、投資の第一歩に最適

預貯金に次いで安全性が高い商品とされ、投資の第一歩に最適ともされているのが、債券です。

しかし、世間一般では、株式や投資信託等に比べていまいち馴染みが薄く、なんとなくマイナーなイメージもあって、スルーされがちな商品でもあります。

かくいう私も、ファイナンシャル・プランナーの勉強をするまではほとんど聞いたことがなく、本格的に投資を始めてから、詳しく知った商品です。

そんな債券ですが、この商品を知ることにより、投資の幅が広がることは間違いありません。そして、なんといっても、ほったらかし投資に向いている商品でもあるので、本書ではしっかり取り上げたいと思います。

債券とは、一言で言えば**「借用証書」**。すなわち、債券の発行者にお金を貸して、定期的に利息を受け取り、満期になれば、お金を返してもらうという商品です。
ですので、債券を購入した後は、満期になるまでじっくり待つのみ。
まさに、ほったらかし投資にはうってつけと言えるわけです。

債券投資とは、いわば「お金を貸すこと」ですが、顔も知らない、何をしているか分からない誰かに貸すわけではありません。もしそうだとすれば、とてもではないですが、安心してほったらかしなどにできませんよね。

安心してください、お金を貸す相手は、国（国債）や地方自治体（地方債）、民間企業（社債）です。

民間企業については、債券を発行するための一定基準を満たした企業であり、相応の規模・財務内容は担保されています。

つまり、債券の安全性は極めて高く、冒頭のように、「預貯金に次いで安全性が高い商品」と言われるわけです。

1%以上の収益が狙える債券とは？

ただ、債券は安全なだけに、その**収益は極めて低くなっています**。

たとえば、債券の中でも、もっとも身近で有名な「個人向け国債（変動10年物）」の適用利率は、2023年6月募集分で、0・29%でした。

これでは、預貯金と変わらないですよね。

そうです、極めて安全性が高いとされる国債や地方債だと、その安全性も収益性も、預貯金とさほど変わらないのです。

「じゃあ、預貯金でいいではないか」という話ですが、いえいえ、ここからが本題となります。

実は、そんな安全性が高いとされる債券の中でも、**一部の社債においては、1～2%台後半もの収益が狙えるものもある**のです。

ちなみに、個人で買える社債は限られているので、一般にはそれらは、個人向け社債と呼ばれています。

本章では、ほったらかし投資の候補として、そんな個人向け社債を取り上げます。

たとえば、２０２２年末から２０２３年頭にかけて発行された個人向け社債には、以下のようなものがあります。なお、格付けの詳細については２１２ページから書いています。

第43回ＳＢＩ債

発行　２０２３年３月
表面利率　１．１０％
期間　２年
格付　A-（R&I）
最低投資額　10万円

三菱ＵＦＪフィナンシャル・グループ社債（第32回無担保社債）

発行　２０２３年２月
表面利率　１．５６４％

期間　約10年6ヵ月
格付　A+（R&I）、A+（JCR）
最低投資額　100万円

ソフトバンク社債（第58回無担保社債）

発行　2022年12月
表面利率　2・84％
期間　約7年
格付　A−（JCR）
最低投資額　100万円

これら以外にも、表面利率1％を超える個人向け社債は発行されていますが、とくにソフトバンク債の2・84％が際立っていますね。

これくらいの収益があれば、債券投資としては、かなり魅力的ではないでしょうか。

ただ、ソフトバンクに１００万円を7年間貸すことについては、人によって意見が分かれそうですね。

1万円や10万円ではなく、１００万円。

1年間や2年間ではなく、7年間。

国やメガバンクではなく、ソフトバンク。

きちんと利息が支払われ、そしてお金が戻ってくるのかどうか、それは、お金を貸す相手であるソフトバンク次第。

無担保ですから、万一のことがあれば、大きな損失を被ることは間違いありません。

本書では、ソフトバンクが大丈夫なのかについての議論には、あまりにも奥が深すぎるので触れませんが、債券の発行体は大丈夫なのか、については絶対に考えなければいけないことです。

それについては、後述の「格付け」で詳しく説明していますので、そちらをご覧ください。

とりあえず、今、ここで確実に言えることは、「安全性が高いとされる債券でも、個人向け社債には、高い収益が見込めるものもある」ということです。

そして、それら個人向け社債はいつも大人気で、完売御礼となる場合が多いことです。募集開始早々に、完売となることも少なくありません。

それは、この超低金利の世の中で、高い収益を誇る個人向け社債は、皆が狙っているということですね。

なお、銀行や証券会社など多くの金融機関で取り扱っている個人向け国債と違って、個人向け社債の取り扱いは、一部の証券会社に限られています。

また、その募集頻度は不定期で、数ヵ月に1回程度となっています。

そんなレア感も、個人向け社債の人気に拍車をかけていると言えるでしょう。

楽天モバイル債が驚異の3・3％！

それだけ大人気の個人向け社債なので、その発行条件が発表されれば、いつも注目されるわけです。

そんな中、2023年1月、楽天モバイル債の発行条件が発表された際には、いつも以上に世間がざわついたのでした。

なぜなら、その表面利率は3・3%と、極めて高い水準だったからです。

個人向け社債の表面利率は比較的高いわけですが、それでも3%を超えてくるのは、今の超低金利下においては、異例とも言える数字でした。


「こんな高金利でお金を借りて、楽天グループは大丈夫なのか？」

「こんな高金利でないと、楽天グループはお金を借りられないのか？」

「楽天モバイル事業は大赤字なのに、大丈夫なのか？」


などなど、発行体である楽天グループについて、そして、その調達資金が充てられる楽天モバイル事業について、不安と心配の声が渦巻くのでした。

とくにネット上では、「楽天は、何か隠しているぞ」などの陰謀論や、「楽天の倒産確率は6%です」といった根拠不明の無責任なデータ、「利息は楽天ポイントですから（↑嘘）」との大喜利などで溢れ、ちょっとしたお祭り状態に。
それくらいに、この楽天モバイル債の3・3%は、多くの注目を集めていたのでした。
なお、楽天モバイル債の詳細は、以下のとおりです。

楽天モバイル債（楽天グループ株式会社第22回無担保社債）

発行　2023年2月
表面利率　3・30%
期間　2年
格付　A（JCR）
最低投資額　50万円

私も、この楽天モバイル債に対する評価、そして、実際に投資するかについては、大いに悩みました。

ただ、発行体である楽天グループ、そして楽天モバイル事業については、あまりにも様々な見解が入り乱れており、それらを正確に整理・分析して判断することは不可能でした。

それよりも私は、2500億円という莫大な調達資金が気になったわけですが、それはプラス材料なのか、それともマイナス材料なのか、判断はつきません。また、前回発行の楽天モバイル債の表面利率は0・72%だったことにも、大いに悩むのでした。

ちなみに、最低投資額は50万円という、この絶妙な金額設定にも大いに悩みました。

個人向け社債の最低投資額は1万円、10万円、100万円が多いのですが、これが10万円以下なら、とりあえずはエイやと申込んでいたでしょうし、100万円なら、よほどの自信がない限り見送っていたかと思います。

ただ、そんなことをアレコレ悩んでいては、キリがありません。

そこで、まず確認したのは、「**格付け**」です。

格付けによると、楽天グループのランクは「A」、これは「債務履行の確実性は高い」との水準で、ます問題はないだろうとのレベルです。

この格付けで、私の判断は、投資ＧＯに大きく傾きました。

ちなみに、この格付けは、債券投資において絶対に欠かせない必須知識です。

なので、まずはこの格付けについて、しっかり説明しておきましょう。

格付けチェックは債券投資には欠かせない

格付けとは、専門的な第三者機関である格付機関が、債券の発行体の信用力（財務状態など）を調査し、分かりやすい記号で評価してくれるものです。

なので、債券に投資する立場からすれば、非常にありがたいものなのです。

債券投資において、その発行体の信用力調査は、基本中の基本。

なぜなら、その発行体に何かあれば、利子の遅延や不払い、さらには元本割れの可能性すらもあるのですから。これを、**デフォルト（債務不履行）リスク**といいます。

日本格付研究所（ＪＣＲ）の格付記号と意味

AAA	債務履行の確実性が最も高い。
AA	債務履行の確実性は非常に高い。
A	債務履行の確実性は高い。
BBB	債務履行の確実性は認められるが、上位等級に比べて、将来債務履行の確実性が低下する可能性がある。
BB	債務履行に当面問題はないが、将来まで確実であるとは言えない。
B	債務履行の確実性に乏しく、懸念される要素がある。
CCC	現在においても不安な要素があり、債務不履行に陥る危険性がある。
CC	債務不履行に陥る危険性が高い。
C	債務不履行に陥る危険性が極めて高い。
LD	一部の債務について約定どおりの債務履行を行っていないが、その他の債務については約定どおりの債務履行を行っているとＪＣＲが判断している。
D	実質的にすべての金融債務が債務不履行に陥っているとＪＣＲが判断している。

※ＡＡからＢまでの格付記号には同一等級内での相対的位置を示すものとして、プラス（＋）若しくはマイナス（－）の符号による区分を付す

（引用元：日本格付研究所「信用格付の種類と記号の定義」）

ほったらかし投資においても、満期まで安心して持ち続けるためには、このデフォルトリスクはもっとも気を付けないといけないところです。

ただ、発行体の信用力をしっかり調査するためには、その事業内容、財務状態、業績見通し、さらには景気、金利、為替情勢など、専門的な知識・分析能力が必要となり、一般の人には、正確な判断は難しいでしょう。

そこで役立つのが、というか、大いに頼りにしたいのが、この「格付け」なのです。

たとえば、代表的な格付機関のひとつ、日本格付研究所（ＪＣＲ）の格付記号と意味は、前ページに示した通りです。

「ＢＢＢ」と「ＢＢ」との境界に要注意

格付記号を見るとき、絶対に押さえておくべきポイントは、ＢＢＢとＢＢとの境界です。

というのは、格付けの世界では、ＢＢＢ以上は「投資適格扱い」とされ、実際、そのデフォ

累積デフォルト率

格付記号	期間2年	期間5年
AAA	0.00%	0.00%
AA	0.00%	0.06%
A	0.08%	0.35%
BBB	1.02%	2.31%
BB	5.86%	13.58%
B	35.00%	52.50%
CCC以下	61.54%	61.54%

この境界に注意

（引用元：日本格付研究所「累積デフォルト率（2000～2022年）」）

ルトリスクは低いのですが、これがＢＢ以下になると**「投資不適格扱い」**となり、そのデフォルトリスクは一気に跳ね上がるからです。

日本格付研究所が発表した、格付記号毎の累積デフォルト率（調査対象期間２０００〜２０２２年）は以下のとおりです。

数字にすると、格付けによる違いがハッキリしますね。

ＡＡＡであれば完璧ですし、Ａ以上であれば、まず問題ないと思ってよいでしょう。

なお、前述のＳＢＩ債や三菱ＵＦＪフィナンシャル・グループ社債、そしてソフトバンク社債の格付けはいずれもＡランクと、高格付けを得ています。

もちろん、格付けは「絶対」ではありませんが、この数字は、大いに参考になりますよね。

そして数字にすると、ＢＢＢとＢＢとの境界もハッキリするわけです。

期間５年の場合、ＢＢ以下のデフォルト率は１３・５８％ですから、これはかなり危険な数字と言えるでしょう。これがＢ以下になればデフォルト率は50％を超え、ＣＣＣ以下ともなれば、もはやデフォルト覚悟の投資と言っても過言ではありません。

そんなことから、ＢＢ以下は投資不適格扱いどころか、投機的（ギャンブル扱い）とも見なされます。

また、ジャンク債とも言われており、ジャンクとは「がらくた」という意味で、ヒドイ言われようですね。

そして、ＢＢ以下はリスクが高い分、そのリターンも高いことから、ハイイールド債（高利回り債）とも言われてもいます。

そんなＢＢ以下の格付けに、果敢にチャレンジすることを否定はしません。

デフォルトにさえならなければ大きな収益が狙えるわけですし、実際、そんなアグレッシブな債券投資をする人も少なくありません。

しかし、一般的には、債券投資は安全性重視。

安心して投資をするためにも、最低でもＢＢＢ以上は欲しいところです。

ただ、ＢＢＢでも期間５年だと、そのデフォルト率は２％を超えるわけで、これで安心できるかと言うと、そこは微妙なところですね。

なので、ずっと持ち続けるほったらかし投資としては、Ａ以上をお勧めします。

そして、楽天モバイル債の発行体である楽天グループの格付けは「Ａ」となっています。

ただ、この格付けはあくまでも日本格付研究所のもの。

今回の債券募集にあたって、楽天グループが公表しているのはこの日本格付研究所の格付けなのですが、実は、世界的な格付機関であるＳ＆Ｐでは、楽天グループの格付けは「ＢＢ」なのです。

ここが一番悩ましいところでした。

世間の「楽天モバイル債に投資するべきか否か」論争でも、この格付けの評価差には、大きく意見が分かれるのでした。

で、結局、楽天モバイル債を買ったのか？

私も公表された格付け（A）を見て、いったんは投資GOに傾いていたものの、新たに知った格付け（BB）を見て、再び悩みました。

ただ、いろいろ調べたところ、S&Pの主な格付理由としては、「モバイル事業の進捗が遅れている」からであって、直ちに財務状態が切迫している状態ではないことと、わずか2年間で楽天グループが破綻することはないだろうとの理由から、私は投資しました。

散々悩みはしましたが、購入さえしてしまえば、あとはもう、アレコレ悩みはしません。

あとは何もせず、半年ごとに約6500円（税引後）の利息を受け取りながら、2年後の満期を待つのみ、それがほったらかし投資です。

ちなみに、私は楽天証券で買ったのですが、発売翌日には完売。

やはり、なんだかんだ言っても、その人気は相当なものだったわけで、「赤信号、皆で渡れば怖くない」ではありませんが、ちょっとホッとした記憶があります。

だからと言って、そのデフォルトリスクが軽減されたわけではないですが。

もし今後、「楽天グループが破綻」とのニュースが流れたら、ああ、藤原は大損したなと思ってください。

これからの金利上昇を予想するのなら…

さて、長年続いてきた金融緩和政策（超低金利政策）ですが、一説には、その転換期が近づいてきていると言われています。

すなわち、これから日本でも、いよいよ金利が上昇してくるのではないか、と。

もちろん、これからの金利動向については様々な議論があり、本書でそこを深堀りするつもりはありません。

ただ、長らく下限の0・05％が続いていた個人向け国債（変動10年）も、直近では0・29％にまで上昇しており、個人的には、金利上昇の足音は確実に近づいてきているような気はします。

いずれにせよ、もし、これから金利が上昇してくることとなれば、より高い利回りを誇る債券も出てくることでしょう。

個人向け社債であれば、楽天モバイル債のように、3％超えも珍しくなくなるかもしれません。国債であっても、1％超えも普通になるかもしれません。

安全性の高い債券で、それだけの利回りであれば、これはかなり魅力的ですね。

もちろん、金利が上昇してくれば、いずれ預貯金の金利も上がるでしょうが、債券の方が、より敏感に反応するものです。

そして、やはり高利回りの債券は、即、売り切れとなる可能性が高いわけです。

債券に興味を持った人は、ぜひ、こまめに情報をチェックしておきましょう。

ほったらかし投資では、購入したあとの手間暇はかかりませんが、より有利な商品を選ぶための努力は必要ですから。

債券は途中で売ることもできるのだが…

ちなみに、債券の満期保有は絶対のルールではなく、満期までに、途中で売ることもできます。

ただ、その場合は時価での売却となるので、売るタイミングによっては売却益を得ることもあれば、売却損を被ることもあります。

そうです、株式やファンドと同じく、**債券にも値動きはある**のです。

とは言っても、一般的に債券には、株式やファンドのようなマーケットはないので、金融機関での買取りとなり、その値付けも金融機関に委ねられます。

つまり、途中売却すると不利となるケースが多く、満期前に売ることは現実的ではありません。

とくに、本項で紹介した個人向け社債の流動性は低く、満期保有が基本とされています。

そもそも、ほったらかし投資では、途中で売ることができるにしても、基本、売ることなどまったく考えずに、満期までしっかりと保有するスタンスですよね。

でも、一応、債券は途中で売ることもできることは、知っておきましょう。

序章でも書いたように、ほったらかし投資と言えども、状況によっては「売ること」を検討しないといけない場合もあるのですから。

8章　預貯金

リスク　1
リターン　1%

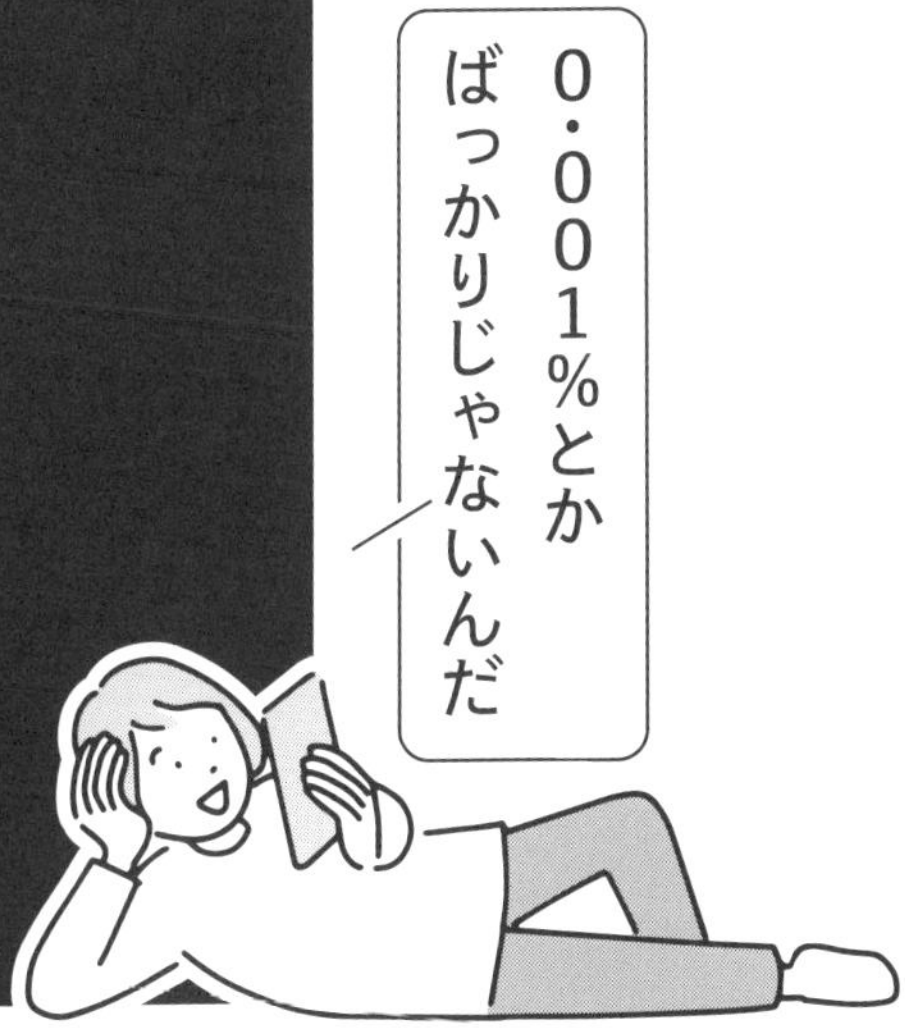

安全確実、でも利息はほぼゼロ

銀行、信用金庫、信用組合、ＪＡバンク、労働金庫などで扱っている預貯金は、もっとも身近な金融商品ですね。

そして、我々の暮らしには欠かせないもので、預貯金を持っていない人は、まずいないかと思います。というか、資産の大半は預貯金だ、資産のすべては預貯金だ、という人も少なくないでしょう。

預貯金にもいろいろ種類はありますが、ほったらかし投資がテーマの本書では、「一定期間預けて、満期になれば、元金と利息が受け取れる」定期預金を前提に、話を進めていきます。

銀行等の預貯金は**元本保証**なので、損することはありません。

万一、銀行等が破綻しても、国内の一般的な銀行等に預けたものであれば元本１０００万円とその利息までは、預金保険制度が保証してくれます。

本書で紹介する商品の中で、もっとも安全確実なのは間違いありません。

安心してほったらかしにするためにも、安全確実なのは、大きな魅力です。

しかし、安全確実なだけに、その**利息はごくごくわずか**。

たとえば、三井住友銀行の定期預金1年物だと、2023年7月時点の金利は0・002%と、もはや0といっても差し支えないレベルです。

ちなみに、定期預金10年物でも同じく0・002%となっています。

ですので、1000万円もの大金を預けて、10年間もの長期間ほったらかしにしても、利息はわずか2000円（税引後約1600円）です。

いくら安全確実といっても、これではあまりにも夢も希望もありませんよね。

視点を変えれば、金利1%も不可能ではない？

安全確実であるがゆえにその収益は期待できないとはいえ、本書では、最低でも1%程度の収益は見込める商品を紹介したいとは思っています。

しかし、この超低金利時代、預貯金で1％は相当難しい、というか不可能では、と思われるかもしれませんよね。

たしかに、普通に探していたのでは、まず見つからないでしょう。しかし、決して存在しないわけではありません。**ちょっと視点を変えて探せば、金利1％、もしくはそれに近い水準の預貯金も、存在する**のです。

それでは、そのようなケースを、いくつか紹介しましょう。

1．ファンドや外貨建て商品との「セット販売」

指定のファンドや外貨建て商品、投資一任サービスであるファンドラップ等とセットで定期預金を預ければ、通常ではあり得ない高い金利をつけてくれるケースです。

ただし、ファンド等への投資額には最低ラインがあるので要注意です。

たとえば、三井住友銀行「資産づくりセット」では、定期預金と投資信託等の対象商品を同時に申込の場合、定期預金には金利1％を付けてくれます（申込総額は50万円で、うち投資信託は25万円以上）。

そんな高い金利の裏には、もちろん、カラクリがあります。

それは、銀行側には、抱き合わせ商品の手数料が入ってくるからです。

抱き合わせ商品が投資信託であれば「販売手数料や信託報酬」、外貨建て商品であれば「為替手数料」が、ファンドラップであれば「管理運用手数料」が、銀行にとっては大きな収益になるからです。

高い金利を付けても、銀行はしっかりペイする設定になっているわけですね。

しかし、その裏には、そんな手数料が絡んでくるので、無条件にお勧めはしません。

ただ、もともと、その抱き合わせとなっている投資信託等を、手数料もしっかり確認・納得した上で、その銀行で購入するつもりであったのなら、これは大きなチャンスです。

ぜひ、「セット販売」を利用して、高い金利をゲットしてください。

2・新規口座開設等の「条件達成者限定」

銀行が設定した**一定条件を満たした人限定**で、通常ではあり得ない高い金利をつけてくれるケースです。

その条件とは、「新規口座開設」や「年金・給与の受取口座設定」、「退職金での運用」など、それほど高いハードルではないので、多くの人は利用することができるのです。

たとえば、SBI新生銀行では、新規に口座開設した人限定で、金利1%の「スタートアップ円定期預金」に預けることができます。

銀行にしてみれば、今後の取引深耕を見込んで、サービスしてくれるわけですね。

とはいえ、条件を達成するために、必要ない口座をアチコチに開設しては管理が大変ですし、年金・給与の受取口座を変更するのも面倒です。

なので、こちらも無条件にお勧めはしません。

ただ、もともと、その銀行にて「ここで口座を作ろうかな」や「ここで年金や給与を受け取ろうかな」などと思っていたのであれば、やはり、これは大きなチャンスです。

ぜひ、「条件達成者限定」を利用して、高い金利をゲットしてください。

3・仕組預金

仕組預金とは、通常ではあり得ない高い金利を付ける代わりに、**銀行が独自のルールを設定**する預金です。

たとえば、高い金利を付ける代わりに、満期日は銀行が決めるという預金。

具体的には、『金利1％（満期は最高10年、ただし銀行の判断で満期日が繰り上がる）』といった感じです。

この場合、市場金利が上がってくれれば、おそらく、満期日は繰り上がりません。

すなわち、世の中の金利が上がってくれれば、「預入当時は、高くて魅力的だった金利だったが、世の中の金利が上昇して、今では相対的に低くなってしまった金利」に長期間縛られてしまい、不利となる可能性が高いです。

一方で、市場金利が上がらなければ、金利は魅力的なままですが、満期日は早々に繰り上がるでしょう。

他には、高い金利を付ける代わりに、為替相場の動向によっては、外貨で償還されるといった預金。具体的には、『金利５％（判定日に米ドルが１００円以下であれば、元金は米ドルで償還）』といった感じです。

すなわち、判定日に一定水準以上の円高となれば、円ベースでは大幅に元本割れする可能性が高くなります。

なので、実態としては、為替リスクを負う外貨預金に近いですね。

対象となる外貨は米ドルや豪ドル、ＮＺドルなどがあり、また、外貨ではなく、日経平均株価などの株価指数を対象とするものもあります。その場合、預貯金でありながら、実態としては株式投資に近いものとなります。

これら仕組預金が、一般の定期預金に比べて、お得かどうかは分かりません。

なぜなら、仕組預金には様々な種類がありますが、その内容はいずれも複雑で、金利や為替、株式相場等の先行きによって、得するか損するかは変わってくるからです。

ただ、少なくとも、これだけは言うことができます。

それは、いずれの仕組預金も、今後の経済情勢がどのようになっても、極力、銀行が損しないように設計されていること。極力、銀行が損しない設計ということは、**我々が損する可能性が高い設計**ということですね。

仕組預金はあまりお勧めできない

さて、ここまでいかがでしたか？

ちょっと視点を変えて探せば、金利１％、もしくはそれに近い水準の預貯金も、ないこともないのです。

もっとも、高い金利には「理由」があるわけで、いずれも無条件に勧めるわけではありませんが、前述の通り、「セット販売」「条件達成者限定」は、人によっては「あり」かもしれません。


しかし、「仕組預金」は、基本的にはお勧めはしません。

なぜなら、前にも触れましたが、極力、銀行が損しない設計、すなわち我々が損する可能性が高い設計だからです。


ただ、「少しでも高い金利が欲しいけど、投資は怖い」という人は多く、そんな人にとっては、「預金」と名の付く仕組預金は魅力的です。

実際、銀行も「高金利の預金」であることをアピールしてくるわけです。

そして、その複雑な商品設計についても、絶妙なトークや、巧妙なパンフレット等の説明で、なんだか我々にとって有利なような気がしてしまうものなのです。

しかし、そんなことはありません、我々が損する可能性が高い設計です。なので、注意喚起として、お勧めではないにもかかわらず、あえて仕組預金について書かせていただきました。

そもそも、「金融機関が積極的に勧めてくるもの」「複雑でよく分からないもの」には手を出さないのが、ほったらかし投資に限らず、投資の鉄則です。

真打登場、信用金庫・信用組合

さて、それではいよいよ真打登場です。

ここまで、金利1%、もしくはそれに近い水準の預貯金の候補として、「セット販売」「条件達成者限定」「仕組預金」を紹介してきましたが、もっともお勧めしたいのが、信用金庫や信用組合といった**地域金融機関**です。

信用金庫や信用組合というと、「銀行とは違う、ちょっと特別なところ」「自分には関係ない」とのイメージを持っていて、近所にあってもスルーしている人も多いかもしれませんが、基本的には、銀行と同じと思ってよいでしょう。

ザックリ説明すれば、営業エリアを絞り、その地域の発展に寄与するための「地域金融機関」です。

なので、我々は普通に、銀行と同じようにお金を預けることができます（ただし、信用組合は原則、営業エリア内に居住・勤務している人のみ）。

そして、そんな地域金融機関で扱う預貯金には、かなりの高金利を誇るものがあるのです。これまでに紹介してきた「セット販売」「条件達成者限定」「仕組預金」といった、何らかの条件ありきではなく、ほぼ無条件で、高い金利を付けてくれるのです。

とくに、私の住む大阪は、サービス精神に溢れた地域金融機関が多く、全国的にも、金利水準は高くなっています。

2023年7月現在、少なくとも私の知る限り、さすがに1％を付ける預貯金はないですが、0.5～0.6％程度であれば、決して珍しくはありません。

一例を挙げれば、以下のような高金利預金があります（2023年7月3日現在）。

大同信用組合『貯めーる定期』（300万円以上）

期間1年　0・32％
期間3年　0・40％
期間5年　0・45％
期間10年　0・50％

大阪厚生信用金庫『セルフ夢ーB定期預金』（10万円以上）

期間1年　0・30％
期間3年　0・35％
期間5年　0・40％

ミレ信用組合『ーB定期預金ミレッチ』（10万円以上）

期間1年　0・55％
期間3年　0・60％

たとえば、1000万円を3年間預けるとしましょう。

これを、預貯金の金利は低いものと諦め、何も動かず、とりあえず三井住友銀行の定期預金（0・002％）に預けるのと、少しでも高金利の預金を追い求めて、ミレ信用組合のIB定期預金ミレッチ（0・6％）に預けるのを比べると、その差は歴然です。

・三井住友銀行　600円（税引後約480円）
・ミレ信用組合　18万円（税引後約14・4万円）

三井住友銀行では、下手すれば交通費で吹き飛びそうな利息ですが、ミレ信用組合では、利息だけでちょっと豪華な旅行に行けそうですよね。

いずれも3年間、ほったらかしにしているだけですが、その差は歴然です。

ある程度まとまった資金のある人であれば、預貯金とはいえ、ただ漫然と預けるのではなく、0・1％でも高い金利を追い求める価値は十分にあるでしょう。

地域金融機関の情報はみずからの足で

今、世の中の物価は上がり、金利も上がりそうな気配が漂っています。

もし、実際にこれから金利が上がり始め、預貯金の金利1％も期待できる状況となれば、その可能性があるのは、まずは、そんな地域金融機関でしょう。

そんな将来の金利上昇に備える意味でも、今のうちに、地元の信用金庫や信用組合をリサーチしてみてはいかがでしょうか。


ただ、信用金庫や信用組合の営業エリアは狭いので、その情報が、テレビや雑誌等の大手メディアに出てくることは、あまりありません。

ですので、店頭ポスターやパンフレットなど、**みずからの足で、情報を掴みに行く必要があるの**です。

実際、私は自転車で地元を駆け巡り、信用金庫や信用組合の店舗巡り（ポスターウォッチング・パンフレットハンティング）を習慣にしています。そして、少しでも有利な預金があれば、せっせと資金をかき集めては預け、現在、私の定期預金はすべて、地元の地域金融機関に預けています。

ちなみに、これは個人的な感覚ではありますが、メガバンクや大手地銀と比べて、地域金融機関は待遇が良くて、ちょっといい粗品がもらえる可能性が高いと感じています。

今から十数年も前のこと、私は、メガバンクに200万円を、ドヤ顔で預けました。若かりし私は、新規で200万円も預ければ、それなりに厚遇されて、ちょっといい粗品がもらえると思っていたのです。しかし、定期預金証書と一緒に、事務的に差し出されたポケットティッシュ1つに、至極がっかりしたことを、今でも覚えております。

そんな記憶が今でも鮮明なので、先日、某信用金庫に200万円預けた際、粗品のマグカップには「さすが、信金だ」と感動しました。

同じ預入額でも、やはりメガバンクと信用金庫とでは、その「重み」が違うのか、その粗品のランクで、ちょっと大切にしてもらっている気分になります。まぁ、粗品のマグカップなど使うことはないのですが、そんな気持ちが嬉しいものです。

一発が狙える預貯金とは？

あと、おまけとして、「一発」が狙える預貯金を紹介しておきましょう。
それは、**懸賞金付き定期預金**や、**宝くじ付き定期預金**です。

懸賞金付き定期預金とは、当選すれば、最高100万円程度の懸賞金がもらえる定期預金です。

ハッキリ言って、10万円を超えるような高額懸賞金が当選することなどほぼありませんが、100万円くらい預ければ、1000〜3000円程度であれば、わりとよく当選したりもします。実際、私もそれくらいであれば、何度か当選したことがあります。

100万円預けて3000円当選すれば、これは金利にすれば0・3％となるので、悪くはない数字ですね。

宝くじ付き定期預金とは、年末ジャンボやサマージャンボなどの宝くじがもらえる定期預金です。

たとえば100万円預ければ、年間10枚程度もらえるものが多いです。

宝くじの販売価格を1枚300円とすれば3000円分なので、これも金利にすれば0・3%と、やはり悪くはない数字です。

いずれも、定期預金そのものの金利は0・002%程度ですが、前述の通り、1000〜3000円程度であれば、わりとよく当選することや、もらえる宝くじの販売価格を考慮すれば、実質的には金利0・1〜0・3%程度となるわけですね。

そして、その可能性は極めてゼロに近いですが、もしも大当たりすれば、その収益は1%、10%どころではありません。

取り扱っている銀行等は限られてはいますが、ちょっとしたアクセントに、そんな「一発」が狙える預金も面白いですね。

定期預金は「1年以上」とは限らない

それでは最後に、定期預金の金利表示で、よくある誤解について書いておきます。

たとえば、「金利1％（3ヵ月）」のような表記を見たことはないでしょうか？

これを見て、「おお、1％だ」と思い、そして、「たった3ヵ月で1％も金利が付くのか」と思う人もいるかもしれません。

しかし残念ながら、それは大きな誤解です。

金利表示のルールは「年率」なので、金利1％とあれば、それは1年間預ければ1％付く、ということなのです。

そして、1％以上の表示がある場合には、多くの場合、1年間も預けさせてはくれません。

今の時代、金利1％以上の表示があれば、それは3ヵ月満期や6ヵ月満期など、預入期間は1年未満であることがほとんどなのです。

前記の「金利1％（3ヵ月）」は3ヵ月満期ということなので、この場合、1％の金利が付くのは3ヵ月だけなので、受け取る利息は0・25％（1％÷3ヵ月／12ヵ月）のみとなります。

100万預けても、満期時に受け取る利息は1万円（税引前）ではなく、2500円（税引前）となります。

そして満期後は、そのまま通常の定期預金（金利0・002％程度）に自動継続されてしまうのです。

これでは、おちおちと「ほったらかし」にはできませんよね。

この「満期が1年未満」のケースは、前述の「セット販売」「条件達成者限定」での定期預金に多いので、気を付けましょう。

実は、前に紹介した三井住友銀行「資産づくりセット」の定期預金や、SBI新生銀行「スタートアップ円定期預金」も、金利1％ではありましたが、3ヵ月満期なのです。

一般の定期預金は1年、3年、5年、10年など、預入期間は1年以上であることがほとんどなので、「定期預金は最低でも1年以上」と勘違いしている人は少なくありません。

なので、金利表示で「金利1%以上」を見つけても、まずは、その預入期間をチェックしましょう。

それが5%を超えるような高金利であれば、さすがに「何かカラクリがあるな」と警戒感を高めるでしょうが、これが1～2%程度だと、うっかりそのまま、真に受けてしまう人は少なくありませんので。

おわりに

投資において、やってはいけないことが2つあります。

それは、テクニック的なことではなく、もっと根本的な、メンタル的なことです。

ひとつは、**日常生活に支障がでるくらいに、値動きが気になってしまうこと**。

とはいえ、ある程度は、保有商品の値動きが気になってしまうことは仕方ありません。むしろ、まったく気にならない人の方が珍しいでしょう。

しかし、それがあまりにも酷くなってくると、大きな問題です。

常に値動きに一喜一憂し、仕事をしていても気になる、遊んでいても気になる、くつろぎの時間も……くつろげない、となると、人生のクオリティが下がってしまいます。人生を豊かにするはずの投資で、人生がしんどくなってしまっては本末転

おわりに

倒ですね。

そして、そのような過度の一喜一憂を避けるのが、「ほったらかし投資」です。最初から、「ほったらかし」とスタンスを決めて、気持ちに踏ん切りをつけることで、多少の値動きには動じないメンタル形成につながります。

また、序章でも書いたように、ほったらかし投資の元手は「超余裕資金」であることも、値動きを気にしないで済む大きな要因となります。

もうひとつは、**投資をやめてしまうこと**、もしくは、一旦完全に撤退してしまうこと。

投資をやめてしまっては、もしくは、一旦完全に投資から離れてしまっては、長期の資産形成などできません。

しかし、リーマンショックやコロナショックといった大暴落時には、あまりの損失に耐え切れず、投資をやめてしまった人も少なくありませんでした。

そして彼らは、その後のアベノミクス相場やアフターコロナ相場のような急騰時に、大いに後悔しました。

そうです、投資から完全に離れてしまうと、次に戻ってくるタイミングが難しいのです。

タイミングを伺っているうちに、次の上昇相場に乗り遅れてしまい、そのまま蚊帳の外に置かれたままになってしまう可能性が高いのです。

つまり、投資においては、とくに長期投資においては、**「相場に居続けること」が大切**なのです。

大暴落前に撤退、上昇相場前に再参入と、そんな奇跡のタイミングで相場に出入りできる人など、いません。実際、長期で資産を形成している人の多くは、ずっと相場に居続けている人なのです。

そして、それができるのが「ほったらかし投資」です。

おわりに

最初から、「ほったらかし」とスタンスを決めることで、どんな大暴落にも慌てふためくことなく、相場に居続けることができるのです。

このように、投資の２大ＮＧを避けるという意味でも、「ほったらかし投資」は魅力的なのです。２大ＮＧを避けることができるだけでも、投資の質はグッと上がるはずです。

そして、「ほったらかし投資」においても、十分なリターンを目指すことができることは、本書で述べたとおりです。

本書をお読みいただくことで、皆様の投資ライフが少しでも向上すれば、筆者として、これ以上の喜びはありません。

【著者紹介】

藤原久敏（ふじわら・ひさとし）

1977年大阪府大阪狭山市生まれ。

大阪市立大学（現：大阪公立大学）文学部哲学科卒業後、尼崎信用金庫を経て、2001年に藤原ファイナンシャルプランナー事務所開設。

現在は、主に資産運用に関する講演・執筆等を精力的にこなす。

また、大学にてファイナンシャルプランニング講座を担当する（大阪経済法科大学経済学部非常勤講師）。

著書は累計35冊、累計部数は約30万部。

主な著書に『あやしい投資話に乗ってみた』（彩図社）、『藤原久敏の退職後の資産運用のあり方』（ローカス）、『ＦＰの極意がわかる本』（ＴＡＣ出版）など。

趣味は金剛山への回数登山（現在、登頂551回）、著書に『100回登っても飽きない金剛山』（啓文社書房）がある。

保有資格：１級ファイナンシャルプランニング技能士・ＣＦＰ®

年間10%利回り！を目指す
攻めのほったらかし投資術

2023年8月23日　第一刷

著者　藤原久敏

イラスト　カフェラテ

発行人　山田有司
発行所　株式会社彩図社
東京都豊島区南大塚 3-24-4
MTビル〒170-0005
TEL：03-5985-8213 FAX：03-5985-8224

印刷所　シナノ印刷株式会社

URL　https://www.saiz.co.jp
https://twitter.com/saiz_sha

 ISBN978-4-8013-0674-5 C0033